COLECCIÓN
ETERNA

AF273770

Antonio y Cleopatra

William Shakespeare

Traducción: Isobel Richardson

Plutón
Ediciones

© Plutón Ediciones X, s. l., 2026

Diseño de cubierta: Alejandro Díaz
Maquetación: Saul Rojas

Edita: Plutón Ediciones X, s. l.,
           E-mail: contacto@plutonediciones.com
           http://www.plutonediciones.com

Impreso en España / Printed in Spain

I.S.B.N: 979-13-87952-37-2
Depósito Legal: B-23999-2025

Estudio Preliminar

Antonio y Cleopatra ocupa un lugar singular dentro del teatro de William Shakespeare por su ambigüedad formal y temática. Escrita en la etapa de plena madurez del autor, la obra desafía las categorías tradicionales al combinar elementos de tragedia, drama histórico y romance sin someterse por completo a ninguna. El resultado es una pieza compleja y profundamente moderna, centrada en la relación entre dos figuras históricas transformadas en símbolos universales del deseo, el poder y la caída.

A diferencia de tragedias más compactas y lineales, la obra se articula a partir del contraste. Antonio y Cleopatra representan dos formas opuestas de entender la vida: él, asociado a la disciplina, el honor público y la acción; ella, al placer, la seducción, la inteligencia estratégica y la teatralidad del poder. Sin embargo, Shakespeare evita el esquematismo. Ambos personajes son inestables, contradictorios y cambiantes, y su relación no se presenta como un refugio frente al mundo, sino como una fuerza que lo desordena todo, incluida su propia identidad.

Uno de los mayores logros de la obra es su tratamiento del amor como experiencia política. La pasión entre los protagonistas no pertenece al ámbito privado, sino que está ligada de manera inseparable al ejercicio del poder, a la imagen pública y al destino histórico. Shakespeare no juzga esta relación desde una moral convencional: la observa en toda su intensidad, mostrando tanto su grandeza como su capacidad destructiva. El amor no aparece aquí como redención, sino como un elemento que expone las debilidades humanas con una franqueza poco habitual.

Cleopatra destaca como una de las figuras femeninas más complejas del teatro de Shakespeare. Lejos de cualquier idealización pasiva, se muestra consciente de su influencia, dueña de un lenguaje brillante y cambiante, capaz de amar, manipular, gobernar y representarse a sí misma. Antonio, por su parte, vive en una tensión constante entre la imagen heroica que se espera de él y la atracción irresistible que ejerce Cleopatra. Esa fractura interior constituye uno de los núcleos dramáticos de la obra.

Desde el punto de vista formal, *Antonio y Cleopatra* es también una obra audaz. Su ritmo fragmentado, el uso intenso de imágenes poéticas y la alternancia entre lo grandioso y lo íntimo rompen con las expectativas de su tiempo. Más que desarrollar un conflicto de forma clásica, Shakespeare parece interesado en capturar estados emocionales y percepciones cambiantes.

Leída hoy, la obra sigue siendo una reflexión poderosa sobre el deseo, la identidad y el precio de vivir sin reservas en un mundo que exige control, cálculo y renuncia.

DRAMATIS PERSONAE

MARCO ANTONIO, triunviro.

OCTAVIO CÉSAR, triunviro.

LÉPIDO, triunviro.

CLEOPATRA, la reina de Egipto.

CHARMIAN e IRAS, las doncellas de Cleopatra.

ALEXAS y DIOMEDES, parte del séquito de Cleopatra.

MARDIONE, eunuco del séquito de Cleopatra.

SELEUCO, el tesorero del séquito de Cleopatra.

OCTAVIA, hermana de Octavio César y esposa de Antonio.

DEMETRIO, ENOBARBO, VENTIDIO, EROS, SCARO, DERCETAS y FILÓN, amigos de Marco Antonio

DOLABELA, AGRIPA y PROCULEYO, GALLO, TIREO, MECENAS, amigos de César Octavio

VARRIO, MENÉCRATES y MENAS, amigos de Sixto Pompeyo.

TAURO, lugarteniente de César Octavio.

CANIDIO, lugarteniente de Marco Antonio.

SILIO, lugarteniente del ejército de Ventidio.

EUFRONIO, embajador de Antonio y César Octavio.

Un ADIVINO.

Un CAMPESINO.

Embajadores, mensajeros, capitanes, soldados y criados.

Las escenas transcurren en diferentes partes del Imperio Romano.

Acto I

Escena I

*En Alejandría. En una habitación
en el palacio de Cleopatra.*
Aparecen Demetrio y Filón.

Filón.- Sí, pero este amor desmedido de nuestro general ya roza el exceso. Aquellos ojos brillantes, que antes, en medio de las filas guerreras, relampagueaban como Marte cuando está armado, ahora dedican su mirada y devoción a una piel morena. Ese pecho valiente, que en plena batalla hacía saltar las hebillas de su armadura, ha renegado de su temple: ahora es apenas un fuelle, un abanico que intenta calmar los deseos de una egipcia.

(Suenan clarines. Entran Antonio y Cleopatra con sus damas Charmian e Iras, su séquito y eunucos que la abanican).

Mira, ahí vienen. Fíjate bien y verás al tercer pilar del mundo convertido en el juguete de una cortesana. Observa con mucha atención.

Cleopatra.- Si de verdad me amas, dime cuánto.

Antonio.- El amor que se mide no es amor verdadero.

CLEOPATRA.- Pues mediré la distancia de tu amor.

ANTONIO.- Entonces necesitarás otro cielo y otra tierra para poder medirla.

(Aparece un Mensajero).

MENSAJERO.- Señor, traigo algunas noticias de Roma.

ANTONIO.- Ya me molestan. Sé breve.

CLEOPATRA.- No, Antonio, escúchalas bien. Quizá Fulvia esté disgustada, o quién sabe si el joven César te ha mandado otra orden imperial: "Haz esto, conquista aquello, libera tal ciudad. Obedece o te castigo."

ANTONIO.- ¿Qué me decías, amor?

CLEOPATRA.- Quizá no... lo más probable. No puedes quedarte aquí por más tiempo. César te ordena volver, así que escúchalo, Antonio. ¿Y qué hay de Fulvia? ¿O es César? ¿O son los dos? ¡Que entren los mensajeros de una vez! Por Isis, reina que soy de Egipto, te has sonrojado, Antonio. Tu sangre le responde a César como un súbdito. Si no fuera así, no te avergonzarías cuando Fulvia te grita desde lejos. ¡Vamos, que pasen los mensajeros!

ANTONIO.- ¡Ojalá Roma se disuelva en el Tíber y caiga el gran arco de su imperio! Mi lugar está aquí. Los reinos son barro, y la tierra —con todo su estiércol— alimenta tanto a bestias como a hombres. Lo verdaderamente grande en la vida es poder hacer esto: cuando dos personas están tan unidas como nosotros. Así que, bajo juramento, ¡que el mundo entero reconozca que no hay nadie como nosotros!

CLEOPATRA.- ¡Qué gran mentira! ¿Casado con Fulvia y dice que no la ama? No soy tan ingenua como parezco, y Antonio no va a cambiar...

ANTONIO.- ...a menos que Cleopatra lo desee. Por el amor y por sus dulces momentos, no perdamos el tiempo discutiendo. No dejemos pasar ni un minuto sin placer. ¿Qué haremos esta noche para divertirnos?

CLEOPATRA.- Lo mejor es que recibas a los embajadores.

ANTONIO.- ¡Bah, fuera, discutidora! A ti todo te va bien: pelear, reír, llorar... En ti, cada emoción compite por hacerse bella y ser admirada. ¡Nada de mensajeros! Tú y yo vamos a salir a pasear esta noche por las calles, a ver a la gente. ¡Vamos, mi reina! Anoche lo deseabas.

(Dirigiéndose al Mensajero)

¡No quiero escucharte!

(Se van Antonio y Cleopatra con su séquito).

DEMETRIO.- ¿Antonio le hace tan poco caso a César?

FILÓN.- A veces, cuando deja de ser Antonio, se aleja tanto de la dignidad que debería acompañarlo...

DEMETRIO.- Me entristece pensar que confirma lo

que en Roma ya se está comentando sobre él. Aunque espero que mañana actúe con un poco más de sensatez. Hasta pronto.

(Se van).

ESCENA II

*En una habitación diferente, en el palacio
de Cleopatra.*

**Aparecen Enobarbo con otros oficiales romanos,
un Adivino, Charmian, Iras, Mardione el eunuco
y Alexas.**

CHARMIAN.- Gran Alexas, buen Alexas, súper Alexas,
casi perfectísimo Alexas ¿dónde está ese adivino
del que tanto hablaste frente a la reina? ¡Si tan
solo supiera quién será el marido que, según tú,
acabará luciendo laureles en los cuernos!

ALEXAS.- Ya mismo le llamo. ¡Adivino!

ADIVINO.- ¿Qué es lo que deseas?

CHARMIAN.- ¿Eres tú? ¿Eres tú el que puede ver el
futuro?

ADIVINO.- En el libro infinito de la naturaleza podría
decirse que soy capaz de leer algunos secretos.

ALEXAS.- Enséñale la mano.

ENOBARBO.- ¡Que sirvan ya los postres! Y que no
falte el vino para brindar por Cleopatra.

CHARMIAN. Buen señor, dame mi destino.

ADIVINO.- No lo doy, yo solo lo revelo.

CHARMIAN.- Entonces dímelo.

ADIVINO.- Estarás mejor que ahora.

CHARMIAN.- Se refiere a que subiré unos cuantos kilos.

IRAS.- No, se refiere a que te maquillarás cuando seas más vieja.

CHARMIAN.- ¡Que las arrugas no se acerquen!

ALEXAS.- No molesten su clarividencia. Escuchen.

CHARMIAN.- ¡Shhh...!

ADIVINO.- Serás más amante que amada.

CHARMIAN.- Prefiero calentarme con vino, entonces.

ALEXAS.- ¡Déjate de tonterías y escúchalo!

CHARMIAN.- ¡Vamos, adivina bien! Que me case mañana con tres reyes y enviude de todos. Que tenga un hijo a los cincuenta, y que Herodes de Judea se incline ante él. ¡Adivina que me caso con Octavio César y me pongo al nivel de mi señora!

ADIVINO.- Vivirás más que tu ama.

CHARMIAN.- ¡Maravilloso! Prefiero una vida larga a un plátano.

ADIVINO.- Ya has vivido y gozado mejor suerte de la que te espera.

CHARMIAN.- Entonces quizá mis hijos no lleguen a tener nombre. Dime, ¿cuántos hijos tendré?

ADIVINO.- Si cada uno de tus deseos tuviera un

vientre, y todos fueran fértiles... un millón.

CHARMIAN.- ¡Vete, tonto! Te perdono por lo de adivino.

ALEXAS.- Te crees que solo tus sábanas conocen tus deseos.

CHARMIAN.- Vamos, ahora dile la fortuna a Iras.

ALEXAS.- A todos nos gustaría saber nuestro destino.

ENOBARBO.- Esta noche, el de casi todos será terminar borrachos en la cama.

IRAS.- Si no es otra cosa, esta mano predice castidad.

CHARMIAN.- Claro… y el Nilo desbordado predice sequía.

IRAS.- Calla, loca. No sabes adivinar.

CHARMIAN.- Pues si una mano húmeda no indica fertilidad, yo ya no sé nada. Vamos, dile una fortuna cualquiera.

ADIVINO.- Las de ustedes son iguales.

IRAS.- ¿Cómo que iguales? Mejor explícanos eso.

ADIVINO.- Ya lo he dicho.

IRAS.- ¿Acaso mi suerte no puede ser un poco mejor que la suya?

CHARMIAN.- Y si fuera apenas mejor, ¿dónde la pondrías?

IRAS.- En la nariz de mi marido, eso seguro que no.

CHARMIAN.- ¡Que los malos pensamientos no se cumplan! Alexas ¡vamos, te toca, pídele su fortuna! Que se case con alguien que no lo aguante, ¡por Isis te lo pido! Que se muera pronto, y que la siguiente sea peor, y la otra peor aún, y así hasta que la más horrible se ría de él en su tumba, ¡cincuenta veces engañado! ¡Buena Isis, concédeme esta súplica, aunque me niegues algo más valioso! ¡Te lo ruego, buena Isis!

IRAS.- Así sea. Querida diosa, escucha a tu pueblo. Porque, así como da pena ver a un hombre apuesto con una mujer vulgar, también da tristeza ver a un tipo feo sin cuernos. Así que, buena Isis, sé justa y dale lo que merece.

CHARMIAN.- Que así sea.

ALEXAS.- Les digo que, si estuviera en sus manos ponerme los cuernos, se convertirían en prostitutas solo por lograrlo.

ENOBARBO.- ¡Silencio! Ahí viene Antonio.

(Aparece Cleopatra).

CHARMIAN.- No, es la reina.

CLEOPATRA.- ¿Han visto a mi señor?

ENOBARBO.- No, señora.

CLEOPATRA.- ¿No estaba por aquí?

CHARMIAN.- No, señora.

CLEOPATRA.- Estaba tan alegre… y de repente le ha dado por pensar en Roma. ¡Enobarbo!

ENOBARBO.- ¿Sí, señora?

CLEOPATRA.- Ve a buscarlo y tráelo.

(Se va Enobarbo).

¿Dónde está Alexas?

ALEXAS.- Aquí, a tu servicio. Y mira, ahí llega mi señor.

(Aparece Antonio con un Mensajero).

CLEOPATRA.- No quiero verlo. Vengan conmigo.

(Se van todos menos Antonio y el Mensajero).

MENSAJERO.- Tu esposa Fulvia fue la primera en entrar en batalla.

ANTONIO.- ¿En batalla contra mi hermano Lucio?

MENSAJERO.- Sí, pero la guerra fue breve y pronto se reconciliaron. Se unieron contra César, que fue más afortunado: en el primer combate los derrotó y los expulsó de Italia.

ANTONIO.- ¿Hay noticias todavía peores?

MENSAJERO.- Las malas noticias contaminan también al mensajero.

ANTONIO.- Solo si se las da a un necio o a un cobarde. ¡Vamos! Para mí, lo que ya pasó, pasó. Escúchame bien: a quien me dice la verdad, aunque sea sobre la muerte, lo escucho como si me halagara.

MENSAJERO.- Labieno —y esto es grave— ha conquistado Asia. Su bandera victoriosa ha ondeado desde el Éufrates hasta Siria, Lidia y Jonia, mientras...

ANTONIO.- ... mientras Antonio, ibas a decir.

MENSAJERO.- ¡Señor!

ANTONIO.- Dímelo sin rodeos. No te molestes en adornar las palabras ni en envolver los rumores con delicadeza. No quiero consuelos, ni versiones suaves de lo que se dice. Llámame como me llaman en Roma, con esa crudeza que usan cuando creen que no escucho. Usa los mismos nombres que repiten en las calles y en las cortes, los mismos que escriben en las cartas que no me atrevo a leer. Recrimíname como lo hace Fulvia, con esa furia fría que solo tienen los que han amado y ahora desprecian. Desahoga tu lengua, deja que hable la verdad sin filtro, sin miedo a herirme, porque ya estoy herido, y hace tiempo que aprendí a sangrar en silencio. Critícame con la libertad que te da tu desprecio, o si aún me tienes estima, con la libertad que da el amor decepcionado, que duele más aún que el odio. Porque cuando no soplan nuestros propios vientos, cuando descuidamos el timón de nuestra vida, todo se descontrola, y no crece el trigo sino la mala hierba. El jardín del alma, si no se cuida, se vuelve selva, se llena de espinas. Y ahora tengo que escuchar cómo esas espinas me rodean, me invaden… pero no huyo. Escuchar nuestras desgracias, verlas cara a cara, es como labrar la tierra: nos ensuciamos, sudamos, pero quizás algo bueno brote del esfuerzo. Quizás haya todavía algo que salvar. Ya puedes retirarte.

MENSAJERO.- A sus nobles órdenes, mi señor.

(Se va el Mensajero y aparece otro diferente).

ANTONIO.- ¿Hay alguna noticia de Sición? Habla de una buena vez.

MENSAJERO 2°.- El hombre de Sición...

ANTONIO.- ¿Alguien ha venido desde allí?

MENSAJERO 2°.- ... espera tus órdenes.

ANTONIO.- Pues que lo hagan pasar.

(Se va el Mensajero 2°).

O rompo estas cadenas egipcias o me termino de hundir en la necedad.

(Aparece un tercer Mensajero con una carta).

¿Y tú, quién eres?

MENSAJERO 3°.- Su esposa Fulvia ha muerto, mi señor.

ANTONIO.- ¿Ha muerto? ¿Y dónde murió?

MENSAJERO 3°.- En Sición. Sufría de una larga enfermedad. Todas las demás noticias están aquí.

(Le entrega una carta).

ANTONIO.- Déjame solo. Puedes retirarte.

(Se va el Mensajero).

¡Nos ha dejado un gran espíritu! Y yo... yo lo deseaba. La empujé hacia su fin con mis actos, con mis palabras, con mi debilidad disfrazada de deseo. Qué amarga es la victoria cuando se gana perdiendo lo que más se quería. Aquello que en otro tiempo desechamos con arrogancia, como si fuera eterno, como si siempre estuviera a nuestro alcance, ahora nos quema en la memoria. ¡Y cómo lo anhelo ahora! Como el sediento añora el agua que una vez derramó sin pensar. Qué fácil fue despreciarla en la abundancia. Qué cruel es descubrir su valor cuando ya no está. Lo que fue placer se ha convertido en castigo. Lo que fue gozo, en tormento. El tiempo da la vuelta a las cosas y nos las devuelve al revés: lo que ayer era una ofrenda, hoy es una ausencia que no deja de doler. Quisiera extender la mano que la apartó y deshacer lo hecho. Traerla de vuelta, abrazarla una vez más con la claridad que da la pérdida. Pero ya no está. Y yo estoy aquí, rodeado de sombras, preguntándome cómo llegué a este lugar tan lejos de mí mismo. Tengo que alejarme de esta reina hechicera. No porque no me haya amado, sino porque su amor me adormeció, me distrajo, me hizo olvidar quién era. Mi ociosidad, mi entrega ciega a sus encantos, ha creado más desgracias que todas las batallas que he librado. El verdadero enemigo no estaba allá afuera, sino dentro de mí, creciendo en mi abandono. Ya no puedo seguir así. Tengo que salir de este hechizo, volver a respirar como un hombre libre. ¡Enobarbo! ¡Ven aquí!

(Aparece Enobarbo).

ENOBARBO.- ¿Qué es lo que desea, mi señor?

ANTONIO.- Debo marcharme pronto de aquí.

ENOBARBO.- Entonces habrá que matar a las mujeres. Ya sabemos lo letal que puede ser para ellas un desaire. Sufrir nuestra ausencia sería su final.

ANTONIO.- Tengo que irme.

ENOBARBO.- Si no hay motivo, sería cruel abandonarlas... pero si hay una buena causa, que no digan ni una palabra. Como Cleopatra se entere, se nos va en el acto. Por mucho menos la he visto marcharse al menos veinte veces. Debe de ser que hay en eso un ardor que la vuelve aún más apasionada: cuanto más rápido se va, más amorosa parece.

ANTONIO.- Es más inteligente de lo que creemos.

ENOBARBO.- ¡Ah, no, señor! Lo que tiene no es cálculo, es pasión pura. Sus emociones no son como el viento o la lluvia, son verdaderas tormentas. Sus suspiros y lágrimas superan a las que predicen los almanaques. Si eso es ser lista, entonces ella trae tormentas con la misma facilidad que Júpiter.

ANTONIO.- ¡Ojalá nunca la hubiera conocido!

ENOBARBO.- Entonces te habrías perdido una verdadera obra maestra. Y, sin ella, tu fama de viajero hubiera quedado incompleta.

ANTONIO.- Fulvia ha muerto.

ENOBARBO.- ¿Cómo dice, mi señor?

ANTONIO.- Ha muerto Fulvia.

ENOBARBO.- ¿Fulvia?

ANTONIO.- Ha muerto.

ENOBARBO.- Pues mejor que haga a los dioses una ofrenda de gratitud. Cuando quieren ser generosos, nos muestran que son los auténticos sastres del mundo. Y el consuelo está en que, cuando un traje se gasta, los del oficio hacen otro. Si Fulvia hubiera sido la única mujer del mundo, ¡vaya problema! Pero tu pena termina en alivio: el camisón viejo da paso a la enagua nueva. Y en la cebolla hay lágrimas que servirán para tu luto.

ANTONIO.- Los asuntos de Estado que ella dejó abiertos no soportan más mi ausencia.

ENOBARBO.- Y los asuntos que tú has abierto aquí te necesitan, especialmente Cleopatra, que exige toda tu atención.

ANTONIO.- Basta ya de juegos, de sonrisas vacías y distracciones embriagadoras. El tiempo de las bromas ha pasado. No estamos en paz, aunque esta tierra me lo haya hecho creer por un tiempo. Ve ahora y comunica mi decisión a mis oficiales. Que se preparen para partir. No hay más dilación posible.

Yo mismo me encargaré de hablar con la reina. Es justo que le explique, cara a cara, las razones de mi marcha. Merece una despedida sincera, sin engaños. Sé que me dará su permiso, aunque en el fondo le duela. Lo nuestro fue un paréntesis, un respiro entre tormentas, pero no podemos quedarnos a vivir en el refugio cuando afuera arde el mundo. Las brasas que dejamos atrás en Roma han encendido un incendio. Y no es solo por la muerte de Fulvia —que pesa sobre mi conciencia más de lo que admito— ni por los asuntos urgentes del Senado. Las noticias que me llegan, cada vez más inquietantes, pintan un escenario donde mi ausencia se convierte en imprudencia. Sexto Pompeyo se ha alzado, ha desafiado a César abiertamente, y lo peor: controla el mar. ¡El mar! Esa arteria vital por donde se mueven los ejércitos, los recursos, el poder. Quien domina el mar, somete los bordes del imperio. Y nuestro pueblo, siempre tan fácil de seducir con relatos heroicos y figuras trágicas, ha comenzado a darle a ese muchacho títulos que alguna vez fueron de su padre. Lo llaman "el Grande". Le rinden honores como si ya hubiera ganado las batallas que apenas está comenzando a librar.

No debemos subestimarlo. Ese joven, aunque recién emerge, ya muestra una energía desbordante, un valor que, dicen, eclipsa incluso su fama. Y su fama no es poca. Si sigue creciendo, si gana apoyo, su causa podría dividir el mundo en dos. Ya lo hemos visto antes. La historia se repite, y los hombres que aparentan ser apenas una chispa pueden incendiar el orden entero. Son como esas crines de caballo que cuelgan tranquilas, suaves al tacto, pero que esconden entre sus fibras la mordida invisible de una serpiente. El peligro se disfraza de belleza. Y si no actuamos ahora, será demasiado tarde. Ve y diles a mis oficiales que no hay tiempo que perder. Que quiero partir cuanto antes.

ENOBARBO.- A sus órdenes, mi señor.

(Se van).

Escena III

En el mismo palacio, otra habitación.

Aparecen Cleopatra, Charmian, Alexas e Iras.

CLEOPATRA.- ¿Dónde se encuentra?

CHARMIAN.- No lo he visto desde entonces.

CLEOPATRA.- *(A Alexas)* Averigua dónde está, con quién y qué está haciendo. Pero recuerda: yo no te he enviado. Si está serio, dile que estoy bailando. Si está alegre, dile que me he puesto enferma. Y vuelve rápido.

(Se va Alexas).

CHARMIAN.- Señora, si de verdad lo amas tanto, creo que ese no es el camino para lograr que él te corresponda.

CLEOPATRA.- ¿Y entonces qué es lo que debería hacer?

CHARMIAN.- Darle siempre la razón. No llevarle nunca la contraria.

CLEOPATRA.- ¡Qué buena maestra! Así lo terminaría perdiendo.

CHARMIAN.- No lo provoques tanto. Sé más moderada. Con el tiempo, lo que se teme suele terminar siendo odiado.

(Aparece Antonio).

CHARMIAN.- Aquí viene Antonio.

CLEOPATRA.- Estoy enferma, me encuentro mal y sin ánimo.

ANTONIO.- Me duele tener que decir lo que debo hacer…

CLEOPATRA.- ¡Ayúdame, Charmian! ¡Siento que me desmayo! No voy a resistir mucho más… este cuerpo no lo aguanta.

ANTONIO.- Mi amada reina…

CLEOPATRA.- ¡No te acerques, te lo ruego!

ANTONIO.- Pero, ¿qué ocurre?

CLEOPATRA.- Veo en tu rostro que traes buenas noticias… ¡Ah! ¿Tu esposa te ha dado permiso para irte? Ojalá no te hubiera dejado venir… Que no diga luego que fui yo quien te retuvo. Sobre ti no tengo ningún poder: eres de ella.

ANTONIO.- Los dioses saben bien…

CLEOPATRA.- ¡Ah, nunca se traicionó tan cruelmente a una reina! Y eso que desde el principio vi cómo se sembraba la traición.

ANTONIO.- Cleopatra…

CLEOPATRA.- ¿Tengo que creerte cuando dices que me eres fiel, aunque al jurarlo tiemble hasta el trono de los dioses, cuando ya has engañado a Fulvia? ¡Qué locura la mía, dejarme enredar en juramentos falsos, que se rompen en el mismo acto de pronunciarlos!

ANTONIO.- Queridísima reina...

CLEOPATRA.- No te molestes en buscar excusas para marcharte. No me digas que es el deber, ni la urgencia, ni los imperativos de Roma. No necesitas justificar lo que ya has decidido. Di adiós, simplemente, y vete ya. Pero no esperes que finja que no duele. Porque yo recuerdo —y tú también deberías hacerlo— que cuando querías quedarte, siempre encontrabas tiempo para hablar. Robabas horas al mundo, al sol y al mar, con tal de prolongar una conversación, una caricia, una mirada. Y entonces no te ibas. En mis ojos, decías, estaba la eternidad; en mis labios, la promesa de todos los placeres del mundo; en el arco de mis cejas, la gloria misma. Cada uno de mis gestos, hasta los más triviales, parecía tocar el cielo, y tú lo creías. ¿Y ahora? Ahora dices que debes irte, que el mundo te reclama, que Roma no puede esperar. Pero si nada en mí ha cambiado... si mis ojos aún brillan con el mismo fuego, si mi voz sigue siendo la misma que una vez te calmó y te encendió... ¿no será entonces que quien ha cambiado eres tú? ¿Que el hombre que me juró amor eterno fue, en realidad, el más dulce de los farsantes? Dime la verdad, si aún te queda algo de ella: ¿el más grande de los soldados es también el mayor de los mentirosos?

ANTONIO.- ¿Cómo dices, señora?

CLEOPATRA.- ¡Ah, si yo tuviera tu tamaño! Verías lo que es el carácter de una egipcia.

ANTONIO.- Escúchame, reina. Te pido que me oigas con el corazón abierto, porque lo que voy a decirte no nace del desamor, sino del deber… y del caos que me llama desde mi patria. La dura situación actual exige que me ausente por un tiempo. Me duele decírtelo, más de lo que imaginas, pero no puedo quedarme. No obstante, te juro, por todos los dioses que me escuchan, que te dejo todo mi corazón, entero, sin reservas.

Italia brilla con el filo de las espadas. Sexto Pompeyo, hijo del conquistador, amenaza con tomar los puertos de Roma; su sombra crece y su influencia se extiende por el mar como una tormenta en ciernes. La República se estremece; sus columnas tiemblan. Las tensiones internas, como raíces podridas, han dividido al país en bandos irreconciliables. Los que ayer eran despreciados, hoy son admirados. Los poderosos de antes ahora se ven obligados a compartir su lugar con los que regresan del exilio o emergen del resentimiento. El proscrito Pompeyo, llevando la fama de su padre como una armadura invisible, ha empezado a ganarse el favor de aquellos que aún no han cosechado beneficio alguno del régimen actual. Su número crece con rapidez, alimentado por la nostalgia, el hambre y la esperanza. Los ciudadanos se vuelven volubles, la lealtad cambia de manos con la rapidez del viento. La paz, cansada de su propio letargo, parece buscar su redención no con diálogo, sino con acero. Y aún hay una razón más, una que me duele más profundamente, aunque el deber me obligue a disimularla: la muerte de Fulvia.

CLEOPATRA.- Aunque los años no me libren de ser tonta, tampoco me han hecho del todo infantil. ¿Fulvia puede morir?

ANTONIO.- Sí. Ha muerto, mi reina.

(Le entrega una carta).

Mira esto. Léelo con calma. Ahí tienes los disturbios que causó, y al final, lo más importante de todo: cuándo y dónde murió.

CLEOPATRA.- ¡Pero qué amor tan falso! ¿Dónde están las copas sagradas que deberías estar llenando de lágrimas? Si así lloras por ella, ya imagino cómo vas a llorar por mí cuando me muera.

ANTONIO.- Basta ya de discusiones. Escucha con atención lo que tengo que decir, y yo haré lo que tú creas más conveniente. Por el fuego que da vida al barro del Nilo, te juro que parto como tu soldado y tu siervo, dispuesto a actuar por la paz o la guerra, según tú lo decidas.

CLEOPATRA.- ¡Ay, desabróchame, Charmian! Vamos… No, déjalo. Me siento bien o mal según quiera Antonio.

ANTONIO.- Mi preciosa reina, cálmate y demuéstrame que este amor es verdadero, y que sabe superar una prueba honesta.

CLEOPATRA.- Eso también me lo ha enseñado Fulvia. Por favor, te lo ruego: vuelve a ti, llora por ella… y después despídete de mí con una lágrima por Cleopatra. Vamos, haz una escena que parezca fingida, pero que sea así un verdadero acto de honor.

ANTONIO.- Me estás encendiendo la sangre. ¡Basta ya!

CLEOPATRA.- Podrías hacerlo un poco mejor, pero así está bien.

ANTONIO.- ¡Por mi espada…!

CLEOPATRA.- … y por mi escudito… Va ganando, pero no está dando lo mejor de sí. Mira, Charmian, mira cómo este hercúleo romano interpreta su escena de furia.

ANTONIO.- Mejor me voy, señora.

CLEOPATRA.- Gentil señor, espera un momento. Tú y yo debemos separarnos, pero eso no es lo que duele. Tú y yo nos hemos amado… pero no es eso tampoco, y tú lo sabes. Lo que quiero decir es… ¡Ah! Lo he olvidado. He olvidado todo. Mi olvido es un Antonio: me lo arrebata todo.

ANTONIO.- Si no fuera porque dominas todos estos caprichos, te tomaría por el capricho mismo.

CLEOPATRA.- No es más que un gran dolor de parto llevar el capricho tan cerca del alma como Cleopatra lo lleva. Señor, por favor, perdóname: lo que me adorna me mata cuando tanto te disgusta. Es cierto que tu honor te reclama: vete sin apiadarte de esta necia y que los dioses te acompañen. Que la victoria laureada honre tu acero, y que la gloria alfombre las calles a tu paso.

ANTONIO.- Vamos, ven aquí. Nuestra separación se queda y se va, pues tú permaneces, y luego te vienes conmigo, y yo, aunque me alejo, también me quedo contigo. ¡Vamos!

(Se van).

Escena IV

En Roma, una habitación en la casa de César.

**Aparecen Octavio César leyendo una carta,
Lépido y la comitiva.**

César.- Lo estás viendo, Lépido, y puedes estar seguro de que no es propio de mí odiar por naturaleza a nuestro gran aliado. No me mueve la envidia ni el rencor, sino la preocupación por el estado en que lo encuentro. Según los informes que me llegan de Alejandría, Antonio se entrega a una vida que no le corresponde a un gobernante de su estatura. Pasa los días pescando, como si no tuviera un imperio entre manos; las noches, en cambio, las consume entre banquetes, música y placeres interminables, ajeno al deber y a la responsabilidad. No es más hombre que Cleopatra, ni ella más mujer que él: se han fundido en una sola criatura ociosa, hecha de deseo y de capricho. Y lo peor, Lépido, es que se niega a recibir audiencias, ignora los asuntos de Estado, y parece haber olvidado por completo que tiene socios en el gobierno y obligaciones ante Roma. Se ha aislado, y su juicio se ha vuelto blando, como si el perfume de Egipto hubiera adormecido su conciencia. Ahí tienes, reunidos y resumidos, todos los defectos y vicios posibles de un hombre.

LÉPIDO.- No creo que sus defectos sean tan graves como para empañar todas sus virtudes. Son más bien como estrellas en el cielo: destacan cuando la noche es más oscura. Parecen heredados más que adquiridos; inevitables más que deseados.

CÉSAR.- Eres demasiado indulgente con él. Siempre encuentras una excusa, una justificación, una mirada benévola hacia lo que, francamente, no la merece. Supongamos —para concederlo todo, incluso lo inverosímil— que no tiene nada de reprochable acostarse con la reina de Tolomeo, esa mujer tan versada en el arte de encantar; que no es grave regalarle un reino como si fuera una joya sin valor, solo por diversión o por vanidad; que no desentona verlo sentado entre gente vulgar, brindando con ellos como si no existiera diferencia entre un líder de imperios y un bebedor callejero. Supongamos que no resulta ofensivo verlo tambalearse por las calles, borracho en pleno día, ni dejar que lo abofeteen unos cualquiera sin defender su dignidad ni la nuestra. Concedamos que todo eso, en él, le sienta bien —aunque habría que ser un prodigio de carácter para que tales excesos no lo ensuciaran por dentro—, aun así, Antonio no puede justificar su conducta. Porque no es solo su imagen la que se deteriora con esa vida frívola:

nosotros también cargamos con el peso de sus deslices. Su prestigio es el nuestro, y cada vez que lo arrastra por el suelo, los ojos de Roma nos juzgan a todos. Si simplemente dilapidara su tiempo en placeres, que sean las resacas, las dolencias y la decadencia quienes le cobren el precio. Pero cuando el deber lo llama —con la fuerza del rango que ocupa y del que compartimos— y él, aun así, prefiere mirar hacia otro lado, entonces no podemos seguir justificándolo. Eso debe corregirse, con firmeza, como se reprende a un joven ya maduro que, teniendo conciencia y experiencia, decide traicionar la razón por un capricho pasajero.

(Aparece un Mensajero).

LÉPIDO.- Y aquí vienen más noticias.

MENSAJERO.- Sus órdenes se han cumplido, noble César. Y a partir de ahora, recibirás información cada hora sobre todo lo que ocurra. Pompeyo tiene el control del mar y parece ganarse el afecto de quienes antes solo seguían a César por miedo. Los descontentos se reúnen en los puertos, y el rumor general es que Pompeyo ha sido gravemente perjudicado.

CÉSAR.- Lo tendría que haber previsto. Desde que existen gobiernos, se repite la misma historia: el gobernante solo es deseado hasta que llega al poder; el que cae en desgracia, aunque nunca fue querido, de pronto es amado simplemente porque ya no está. El pueblo es como una caña flotando en la corriente: va de un lado a otro, arrastrado por la marea, y acaba pudriéndose de tanto moverse.

(Aparece otro Mensajero).

SEGUNDO MENSAJERO.- César, te informo que Menécrates y Menas, conocidos y famosos piratas, dominan el mar, que atraviesan con naves de todo tipo. Realizan violentos ataques en Italia —solo con mencionarlo ya se estremecen sus costas— y la juventud, impaciente, se subleva. En cuanto un barco aparece, lo capturan. El nombre de Pompeyo hace más daño que todas las armas que se puedan usar en su contra.

CÉSAR.- Antonio, abandona tus fiestas. Recuerda quién fuiste. Cuando fuiste expulsado de Módena, tras haber matado tú mismo a los cónsules Hircio y Pansa, el hambre te perseguía como una sombra pegada al cuerpo. Habías sido criado entre sedas, oro y abundancia, y sin embargo soportaste la miseria con más entereza que un salvaje criado entre espinas. No te quebraste. Bebiste orines de caballo como si fueran vino, y tragaste agua estancada que ni los animales más desesperados se atreven a probar. No hubo fruto tan amargo ni baya tan áspera que tu paladar rechazara; te arrastrabas por la maleza como una fiera herida, alimentándote de lo que el bosque escupía. Como un ciervo perdido en un campo cubierto de nieve, roíste cortezas secas y raíces frías para mantenerte en pie. Se dice —y lo dicen sin exagerar— que en los Alpes llegaste a comer carne tan repugnante que solo verla hacía vomitar a otros, y sin embargo tú la devoraste sin temblar. Todo eso lo soportaste, sí, aunque ahora te avergüence que lo recuerden. Y lo soportaste no solo como un soldado, sino como uno de los grandes, con una dignidad que no se dejó doblegar ni por el hambre ni por el frío. Todo eso —aunque ahora hiera tu honor recordarlo— lo soportaste como un soldado, y tanto, que ni siquiera llegaste a adelgazar.

Lépido.- Es muy doloroso recordarlo.

César.- Ojalá esa vergüenza lo haga volver pronto a Roma. Ya es hora de que vayamos a la guerra, y para ello debemos reunir cuanto antes al consejo. Pompeyo crece y se fortalece mientras nosotros no actuamos.

Lépido.- Mañana, César, podré informarte de lo que ya tengo preparado para combatir por mar y tierra.

César.- Perfecto. Hasta entonces, yo también me ocuparé. Adiós.

Lépido.- Adiós, señor. Y si recibes alguna noticia mientras tanto, te ruego que me la hagas llegar tan pronto como sea posible.

César.- Cuenta con ello. Será mi deber.

(Se van).

ESCENA V

En Alejandría, una habitación en el
palacio de Cleopatra.

Aparecen Cleopatra, Charmian, Iras y Mardione.

CLEOPATRA.- ¡Charmian! ¡Charmian!

CHARMIAN.- ¿Mi señora?

CLEOPATRA.- *(Bostezando)* Ah... Tráeme una mandrágora para beber.

CHARMIAN.- ¿Para qué, señora?

CLEOPATRA.- Para dormir hasta que pase esta larga ausencia de Antonio.

CHARMIAN.- Piensas demasiado en él.

CLEOPATRA.- ¡Ah, fue una traición lo que hizo!

CHARMIAN.- No lo creo, señora.

CLEOPATRA.- ¡Eh, tú, Mardione, eunuco!

MARDIONE.- ¿Sí, su majestad?

CLEOPATRA.- No quiero que me cantes. Lo que tienes tú, como eunuco, no me sirve de consuelo. Qué suerte tienes... Estás castrado, así que tus pensamientos, libres de deseo, nunca serían capaces de huir de Egipto. Dime, ¿a veces sientes deseo?

MARDIONE.- Sí, mi señora.

CLEOPATRA.- ¿De verdad?

MARDIONE.- No deseo en el sentido pleno, señora, porque ya no puedo hacer nada que sea impuro. Pero, aun así, a veces tengo deseos intensos… y pienso en lo que hicieron Marte y Venus.

CLEOPATRA.- ¡Ah, Charmian! ¿Dónde crees que está Antonio ahora? ¿De pie en algún campo extranjero, alzando la voz entre sus hombres? ¿Sentado en consejo con sus generales, tomando decisiones que podrían cambiar el rumbo del mundo? ¿O caminando solo, perdido en pensamientos? ¿Tal vez cabalgando, erguido, con ese porte suyo tan inconfundible? ¡Dichoso el caballo que lo lleva! ¡Qué suerte la suya, sentir entre los lomos el peso de ese hombre! Pórtate bien, caballo, cuida tus pasos… ¿Sabes a quién llevas contigo? ¡Al que sostiene medio atlas del mundo! ¡Al brazo armado de los imperios, al casco glorioso de los hombres! Ahora mismo —sí, ahora mismo— debe de estar diciendo, o quizás susurrando para sí: «¿Dónde está mi serpiente del Nilo?». Así me llama. Con esa voz suya que cuando la oigo, me tiembla el alma. "Mi serpiente del Nilo"… Qué dulce veneno es ese apodo, cómo me arde y me alimenta al mismo tiempo. Esas palabras me recorren por dentro como fuego, y, sin embargo, me sostienen. Me pregunto si estará pensando en mí tal como soy ahora… Con la piel tostada por el sol, el rostro marcado por los años, por las risas, por las guerras, por las vigilias. ¿Pensará en la mujer que fui, o en la que aún soy? César... con esa frente tan ancha y esos aires de eternidad... Tú caminabas entre los mortales como si fueras un dios. Y, sin embargo, incluso tú sabías que yo no era de este mundo. Yo era un manjar reservado para los reyes. No una mujer, sino un reino en sí misma. El gran Pompeyo, con todo su orgullo y su genio, no podía apartar los ojos de mí. Se le clavaban en el rostro como si en mi mirada estuviera el secreto de su destino. Me miraba como si de mí dependiera la continuación de su vida.

(Aparece Alexas, enviado de Antonio).

ALEXAS.- ¡Salud, soberana de Egipto!

CLEOPATRA.- ¡Qué poco te pareces a Marco Antonio! Pero, al venir de su parte, traes contigo algo de su esencia, como si su elixir te hubiera transformado. ¿Cómo se encuentra mi gran Marco Antonio?

ALEXAS.- Lo último que hizo, señora, fue darte este beso —el último de miles— a esta perla oriental. Sus palabras se me quedaron grabadas en el alma.

CLEOPATRA.- Y yo quiero arrancarlas con mis oídos.

ALEXAS.- Dijo: «Buen amigo, hazle saber que este romano leal envía a la gran reina egipcia el tesoro de una ostra, y que, como compensación por tan humilde regalo, coronaré su trono con nuevos reinos. Dile que todo el Oriente la llamará señora». Y entonces saludó, y con dignidad montó un caballo tan impetuoso, que su relincho ahogó por completo mis palabras de despedida.

CLEOPATRA.- ¿Y se veía serio o alegre?

ALEXAS.- Como una estación entre el calor y el frío… ni una cosa ni la otra.

CLEOPATRA.- ¡Qué equilibrio tan admirable! Fíjate, fíjate bien, Charmian: ese es él. No estaba serio, porque quería irradiar simpatía delante de los demás; pero tampoco estaba alegre, porque su pensamiento estaba aquí, en Egipto, conmigo. Se encontraba en medio de dos emociones. ¡Ah, mezcla tan divina! Y tú, seas como seas —serio o alegre—, haces que cualquier extremo parezca noble. ¿Viste a mis mensajeros?

ALEXAS.- A veinte distintos, señora. ¿Por qué los envías con tanta frecuencia?

CLEOPATRA.- El que nazca el día en que yo no envíe un mensaje a Antonio, nacerá para morir en la miseria. ¡Bienvenido seas, Alexas! ¡Charmian, tráeme papel y tinta! Dime, Charmian, ¿acaso yo amé tanto a César?

CHARMIAN.- ¡Ah, el noble César!

CLEOPATRA.- ¡Ojalá se te atragante ese cumplido! Mejor di: "el noble Antonio".

CHARMIAN.- ¡El valeroso César!

CLEOPATRA.- ¡Por Isis, que te haré sangrar los dientes si vuelves a comparar a mi Antonio con César!

CHARMIAN.- Con su permiso, señora, yo solo repito lo que usted misma decía.

CLEOPATRA.- Eso era en mi juventud, cuando mi juicio era inmaduro y mi sangre aún se mantenía fría. Entonces cantaba esas alabanzas. ¡Vamos, tráeme papel y tinta! Le mandaré un mensajero cada día, aunque se quede Egipto sin gente.

(Salen).

Acto II

Escena I

En Mesina, una habitación en la casa de Pompeyo.
**Aparecen Pompeyo, Menécrates y Menas,
con atuendo de guerra.**

POMPEYO.- Si los grandes dioses son justos, entonces protegerán las acciones de los que obran con justicia.

MENÉCRATES.- Puedes estar seguro de eso, Pompeyo: los dioses no niegan, simplemente aplazan.

POMPEYO.- Pero mientras los invocamos, de rodillas ante su trono, lo que pedimos se nos termina escapando.

MENÉCRATES.- A veces, sin saberlo, pedimos cosas que nos harían daño, y por eso los dioses nos las niegan: para protegernos. Hay ocasiones en que conseguimos más con lo que no se nos concede que con lo que logramos suplicando.

POMPEYO.- Voy a triunfar. El pueblo me apoya, el mar está bajo mi dominio. Mi poder crece, y mis esperanzas me dicen que el éxito será completo. Marco Antonio está perdido en los placeres de Egipto, no saldrá a combatir. César se dedica a recaudar impuestos y está perdiendo el favor del pueblo. Lépido halaga a ambos, y ambos lo halagan a él, pero ni él los quiere, ni ellos lo estiman.

MENAS.- César y Lépido han salido a campaña, y llevan consigo un ejército considerable.

POMPEYO.- ¿Y quién te ha dicho eso? Es mentira.

MENAS.- Silvio, señor.

POMPEYO.- Ese hombre está soñando. Sé con certeza que ambos siguen en Roma, esperando a Antonio. ¡Ah, ardiente Cleopatra, que tu magia amorosa avive sus labios pálidos! Que tus hechizos, tu belleza y los placeres que ofreces lo atrapen en una guerra de banquetes que le enturbien el juicio. Que cocineros epicúreos despierten su apetito con delicias tentadoras, y que la comida y el sueño le adormezcan el honor hasta que caiga en el olvido, como en las aguas del Leteo...

(Aparece Varrio).

POMPEYO.- ¿Qué noticias me traes, Varrio?

VARRIO.- Mi mensaje es cierto: a Marco Antonio se le espera en Roma en cualquier momento. Desde que salió de Egipto ha pasado más que suficiente tiempo como para haber hecho un viaje aún más largo.

POMPEYO.- Si se tratara de un asunto menos importante, le prestaría más atención. Menas, jamás imaginé que ese amante insaciable volvería a ponerse el casco por una guerra tan miserable. Pero como soldado es cierto que vale por dos. Así que demos más valor a nuestra causa: porque ha hecho falta arrancarlo del lecho de la viuda egipcia para traerlo de vuelta al campo de batalla.

MENAS.- No creo que Antonio y César se reciban con gusto. La esposa de Antonio ya fallecida ofendió a César, y su hermano lo enfrentó directamente, aunque dudo que Antonio lo incitara a ello.

POMPEYO.- No lo sé, Menas... Cuando dos hombres tienen un conflicto menor, suele resolverse con facilidad. Pero si no tuvieran un enemigo común —como nosotros—, es probable que ya estuvieran enfrentándose entre ellos. Motivos tienen de sobra. Pero quién sabe si nuestro avance no los unirá, y acabe por reconciliar sus diferencias menores. ¡Sea como sea, que los dioses decidan el resultado! Nosotros pondremos nuestra suerte en la fuerza de nuestros propios brazos. Vamos, Menas.

(Se van).

ESCENA II

En Roma, una habitación en la casa de Lépido.
Aparecen Enobarbo y Lépido.

LÉPIDO.- Buen Enobarbo, sería una noble acción —y también muy digna de ti— pedirle a tu capitán que hable con cortesía.

ENOBARBO.- Le pediré que actúe como es propio en él. Si César se irrita, que Antonio se eleve por encima y le responda con la voz de Marte. Por Júpiter, si yo llevara la barba de Antonio, hoy no me afeitaría.

LÉPIDO.- No es momento de enemistades personales.

ENOBARBO.- Cualquier momento es bueno para lo que ocurra en él.

LÉPIDO.- Pero lo pequeño debe ceder ante lo grande.

ENOBARBO.- No si lo pequeño llega primero.

LÉPIDO.- Estás alterado; no avives más las brasas. Mira, ahí viene el noble Antonio.

(Aparecen Antonio y Ventidio).

ENOBARBO.- Y por allí llega también César.

(Aparecen César, Mecenas y Agripa).

ANTONIO.- Si nos ponemos de acuerdo, a Partia[1]. Escucha, Ventidio.

CÉSAR.- No lo sé, Mecenas. Pregúntale a Agripa.

LÉPIDO.- Amigos míos, lo que nos unió fue algo grande; no dejemos que una nimiedad nos divida. Lo que esté mal, escúchese con cortesía. Discutir por pequeñeces es como matar cuando se intenta curar una herida. Así que, nobles señores —y más aún porque yo se los ruego— tratemos con delicadeza aquello que más pueda herir, y no echemos más sal en la llaga.

ANTONIO.- Muy bien dicho. Si estuviéramos al frente de nuestras tropas y a punto de combatir, haría justo eso.

(Se escuchan trompetas y clarines).

CÉSAR.- Bienvenido a Roma.

ANTONIO.- Gracias.

CÉSAR.- Siéntate.

ANTONIO.- Siéntese, señor.

CÉSAR.- Como quieras.

ANTONIO.- Me dicen que te ofendiste por algo que no era malo o que, si lo era, no te concernía.

CÉSAR.- Sería ridículo si me ofendiera por nada o por

---

1   Partia se refiere a una antigua región de Asia, aproximadamente en el noroeste del actual Irán, que fue la base del imperio Parto.

poco, y aún más si lo hiciera por ti. Y sería peor si te nombrara con desdén, cuando nombrarte no me correspondiera.

ANTONIO.- César, ¿qué te importaba a ti que yo estuviera en Egipto?

CÉSAR.- No más de lo que a ti debería importarte que yo viviera en Roma mientras tú estabas en Egipto. Pero si conspirabas contra mí, entonces sí que era asunto mío.

ANTONIO.- ¿Conspirar? ¿De qué hablas?

CÉSAR.- Si recuerdas lo que me ocurrió aquí, entonces lo entenderás. Tu esposa y tu hermano me declararon la guerra. Esa agresión te implicaba: tú fuiste su bandera.

ANTONIO.- Estás equivocado. Mi hermano jamás usó mi nombre. Indagué sobre ello y tengo testimonios fiables de hombres que lucharon contigo. ¿Acaso él no desacreditó también mi autoridad? Su guerra se oponía a mis deseos, y yo compartía tu causa. Te lo dije en mis cartas. Si quieres armar una disputa, por muchas razones que tengas, no te sirven para este caso.

CÉSAR.- Me reprochas haber juzgado mal, pero tú sí tejiste tus excusas.

ANTONIO.- Nada de eso. Sabía —estaba convencido— de que pensarías que, siendo yo tu aliado, no vería con buenos ojos una guerra en contra de mi propia paz. En cuanto a mi esposa, ojalá encuentres tú otra mujer con ese mismo coraje. Un tercio del mundo te pertenece y lo puedes gobernar a tu antojo, pero no así a una mujer como ella.

ENOBARBO.- ¡Ojalá todas nuestras esposas fueran así! ¡Nos llevaríamos a las mujeres a la guerra!

ANTONIO.- Era indomable, César. Sus estallidos, mezcla de impaciencia y astucia, reconozco que te causaron problemas. Pero no digas que yo podía evitarlos.

CÉSAR.- Te escribí. Mientras tú estabas de juerga en Alejandría, ignoraste mi carta y echaste al mensajero sin siquiera escucharle.

ANTONIO.- Entró sin permiso. Yo acababa de salir de un banquete con tres reyes. No era el mismo que al amanecer. Al día siguiente le hablé, que viene a ser como pedir perdón. Dejémoslo fuera de este pleito.

CÉSAR.- Tú rompiste tu juramento. Y eso no puedes negarlo.

LÉPIDO.- César, por favor...

ANTONIO.- No, Lépido. Déjale hablar. El honor es sagrado, y al parecer, lo he traicionado. Vamos, César, continúa con lo que estabas diciendo: «Rompiste tu juramento...».

CÉSAR.- ... de ayudarme con tropas y armas cuando te las pidiera. Y tú me lo negaste.

ANTONIO.- Digamos que me descuidé. Fue cuando el vicio me robaba el juicio. Admito mi culpa en lo que me corresponde, pero mi honestidad no rebajará mi autoridad, ni mi poder irá contra ella. Lo cierto es que Fulvia provocó esa guerra para sacarme de Egipto. Yo, ignorante de la causa, te pido disculpas en la medida que mi honor me lo permite.

LÉPIDO.- Palabras nobles.

MECENAS.- Sería mejor dejar atrás estas disputas. El momento presente nos exige concordia.

LÉPIDO.- Muy sensato, Mecenas.

ENOBARBO.- Y si ahora se reconcilian, no rompan esta amistad cuando Pompeyo ya no sea una amenaza. Habrá tiempo para disputas cuando no haya otra cosa que hacer.

ANTONIO.- Eres solo un soldado. Basta.

ENOBARBO.- Casi olvido que la verdad debe quedarse callada.

ANTONIO.- Estás ofendiendo a los presentes. No sigas.

ENOBARBO.- Muy bien. Me convierto en piedra pensante.

CÉSAR.- No rechazo lo que dice, solo su forma de decirlo. No podremos mantener la amistad si nuestros actos nos contradicen. Pero si conociera algún lazo que nos uniera, lo buscaría por todo el mundo.

AGRIPA.- Permíteme unas palabras, César.

CÉSAR.- Sí. Habla, Agripa.

AGRIPA.- Tienes una hermana por parte de madre, la admirable Octavia. Marco Antonio, ahora viudo, podría casarse con ella.

CÉSAR.- Basta, Agripa. Si Cleopatra te oyera, te castigaría por tu imprudencia.

ANTONIO.- Yo no estoy casado, César. Deja que Agripa continúe.

AGRIPA.- Para sellar esta nueva alianza de manera duradera, y para que la paz entre ustedes no solo sea un pacto de conveniencia, sino un lazo firme e inquebrantable, propongo que Antonio se case con Octavia. Ella es tan hermosa que parece nacida para acompañar al mejor hombre del mundo; su belleza no es solo cuestión de apariencia, sino que está sostenida por virtudes y encantos que ninguna otra doncella posee. En ella se reúnen la gracia, la bondad y la nobleza, y esas cualidades son las que pueden suavizar los corazones endurecidos por la guerra.

Con esta unión, los recelos que hoy oscurecen el aire se disiparán como la niebla al sol, y los temores que todavía rondan entre ustedes perderán su fuerza y dejarán de ser peligros reales. Lo que ahora parecen tensiones imposibles de resolver, con el tiempo será apenas un recuerdo, una anécdota lejana que se contará como una fábula. Las verdades de hoy serán cuentos que apenas se creerán, y los cuentos de hoy, con el paso de los años, serán tomados por verdades eternas. Octavia, con su afecto sincero y su temple sereno, sabrá unirlos no solo por conveniencia política, sino por lazos familiares que el mundo entero reconocerá y bendecirá. Su amor sellará esta alianza y, al mismo tiempo, conquistará el afecto de todos los que los rodean, porque en ella hay una dulzura capaz de reconciliar hasta los espíritus más enfrentados.

ANTONIO.- ¿Qué dice César?

CÉSAR.- Nada, hasta saber qué dice Antonio.

ANTONIO.- Si yo dijera: «Sí, Agripa», ¿qué poder tendría Agripa para llevarlo a cabo?

CÉSAR.- El de César, y el de su autoridad sobre Octavia.

ANTONIO.- ¡Ojalá nada se interponga en tan noble y prometedora unión! Dame tu mano. Desde ahora, que nuestro afecto y nuestros grandes planes se guíen por un corazón fraterno.

CÉSAR.- Toma mi mano. Te doy a una hermana a la que ningún hermano ha querido tanto. ¡Que viva para unir nuestros reinos y nuestros corazones, y que nunca se rompa nuestro lazo!

LÉPIDO.- ¡Así sea, y con alegría!

ANTONIO.- No pensaba combatir contra Pompeyo, pues últimamente ha sido muy cortés conmigo. Le daré las gracias —no vaya a pensar que me olvido de él— y luego lo desafiaré.

LÉPIDO.- El tiempo apremia. O vamos tras Pompeyo, o él vendrá por nosotros.

ANTONIO.- ¿Dónde está ahora mismo?

CÉSAR.- Está cerca del Monte Miseno.

ANTONIO.- ¿Y qué fuerzas tiene por tierra?

CÉSAR.- Muchas, y van en aumento. Por mar domina totalmente.

ANTONIO.- Eso dicen. ¡Ojalá hubiéramos hablado antes! Vamos a darnos prisa. Pero antes de tomar las armas, concluyamos este acuerdo.

CÉSAR.- Con gusto. Ven a ver a mi hermana; yo mismo te llevaré con ella.

ANTONIO.- Lépido, no dejes de acompañarnos.

LÉPIDO.- Noble Antonio, ni la enfermedad me detendría.

(Se escuchan trompetas y clarines. Se van todos menos Enobarbo, Agripa y Mecenas).

MECENAS.- Bienvenido de Egipto.

ENOBARBO.- ¡Noble Mecenas, sombra inseparable de César! ¡Y tú, Agripa, mi honorable amigo!

AGRIPA.- ¡Mi buen Enobarbo!

MECENAS.- Alegrémonos de que todo haya salido bien. Hiciste un buen papel en Egipto.

ENOBARBO.- Sí. Dormíamos de día y bebíamos para iluminar la noche.

MECENAS.- Dicen que servían ocho jabalíes asados

para un desayuno de solo doce personas. ¿Es cierto?

ENOBARBO.- Eso fue como una mosca al lado de un águila. Hubo festines mucho más increíbles, dignos de memoria.

MECENAS.- Si todo eso es cierto, entonces Cleopatra debe ser grandiosa.

ENOBARBO.- Todo empezó cuando vio a Marco Antonio y le robó el corazón, allá en el río Cidno.

AGRIPA.- Dicen que allí se mostró en todo su esplendor, salvo que quien me lo contó lo haya soñado.

ENOBARBO.- Yo te lo relataré: el barco que la traía parecía un trono flotante, resplandeciente, como si todo el Nilo ardiera bajo su paso. La popa, forjada en oro batido, brillaba con tal fulgor que los ojos apenas podían sostener su luz. Las velas, teñidas de púrpura real, despedían un perfume tan embriagador que, hasta el viento, encantado, se rendía y soplaba con suavidad, como si temiera arrugar su aroma. Los remos, labrados en plata, golpeaban el agua al compás de flautas invisibles, y las olas, en lugar de resistirse, parecían seguirlos dócilmente, como criaturas hipnotizadas por la música. Ella, recostada en su pabellón de oro bordado con hilos tan finos que parecían luz tejida, superaba cualquier imagen soñada de Venus. Ni el arte más audaz podría haber plasmado aquella visión sin empobrecerla. A su alrededor, niños de una belleza celestial —Cupidos vivientes, sonrientes y traviesos— agitaban abanicos de plumas multicolores, y de ellos surgía una brisa que, lejos de enfriar su piel, parecía avivar el resplandor de su rostro, como si cada caricia de aire encendiera aún más su hermosura. El río mismo, al sentir su paso, parecía enmudecer; los sonidos habituales del agua se apagaban, como si la naturaleza entera se detuviera para contemplarla. No había nadie en esa escena que no se rindiera ante su presencia, porque en ese instante Cleopatra no parecía una reina, sino una diosa que había descendido para gobernar no solo Egipto, sino el mundo y el deseo de todo aquel que la mirara.

AGRIPA.- ¡Qué espectáculo para Antonio!

ENOBARBO.- Sus doncellas, como ninfas marinas y Nereidas, la rodeaban con tanta gracia que sus gestos eran pura belleza. La que manejaba el timón parecía una sirena. Las velas de seda se hinchaban con manos suaves como flores. Un perfume invisible inundaba la orilla, embriagando los sentidos. La ciudad entera salió a verla, y Antonio, sentado en su trono, quedó solo en la plaza, silbando al aire, que también habría volado a admirarla, dejando vacío el mundo.

AGRIPA.- ¡Qué mujer tan asombrosa, esa egipcia!

ENOBARBO.- Cuando desembarcó, un emisario de Antonio la invitó a cenar. Pero ella respondió —más bien suplicó— que fuera él quien acudiera como huésped. El galante Antonio, que nunca oyó un "no" de una mujer, fue al banquete bien rasurado y arreglado… y pagó con el corazón lo que sus ojos comieron.

AGRIPA.- ¡Digna de un trono! Por ella el gran César puso su espada en la cama. La aró… y ella dio fruto.

ENOBARBO.- Una vez la vi corretear por la calle. Jadeaba, sin aliento, pero hablaba con tal gracia que incluso su debilidad parecía fortaleza. Sin aire, inspiraba.

MECENAS.- Y ahora Antonio tendrá que dejarla del todo.

ENOBARBO.- ¡Jamás! Nunca lo hará. La edad no la marchita, ni la costumbre desgasta su inagotable variedad. Otras se vuelven monótonas, pero ella, cuanto más satisface, más hambre provoca. Hasta lo más vulgar cobra encanto en ella. Los propios sacerdotes la bendicen cuando arde de deseo.

MECENAS.- Si belleza, sabiduría y recato pueden domar a Antonio, Octavia es un regalo del cielo.

AGRIPA.- ¡Vamos ya! Buen Enobarbo, mientras estés por aquí, serás mi huésped.

ENOBARBO.- Lo agradezco con humildad.

(Se van).

Escena III

En Roma, una habitación en el palacio de César.
Aparecen Antonio, César y, entre ellos, Octavia.

Antonio.- El mundo y mis altos deberes me apartarán de ti de vez en cuando.

Octavia.- Pues cuando eso ocurra, rezaré a los dioses para que te protejan.

Antonio.- Buenas noches, César. Octavia, no juzgues mis faltas por lo que diga la gente. No siempre he seguido la rectitud, pero a partir de ahora me guiaré por ella. Buenas noches, mi señora.

Octavia.- Buenas noches.

César.- Buenas noches.

(Salen César y Octavia. Aparece el Adivino).

Antonio.- A ver tú, ¿no te gustaría estar en Egipto?

Adivino.- Ojalá no hubiera venido… y tú tampoco.

Antonio.- ¿Por qué? Si sabes algo, es mejor que me lo digas.

Adivino.- Lo llevo dentro, no en la lengua. Pero debes regresar a Egipto cuanto antes.

ANTONIO.- Dime, ¿quién tendrá mayor fortuna, César o yo?

ADIVINO.- César. Así que, Antonio, no estés cerca de él. El espíritu que te protege es noble, valiente, invencible... cuando el de César está lejos. Si está cerca, el tuyo se encoge y se anula. Mantén distancia.

ANTONIO.- No digas más.

ADIVINO.- Solo te lo diré a ti. Si compites con él en cualquier juego, perderás. Su suerte natural le da ventaja. Incluso si brilla junto a ti, tú te apagas. Te repito: cuando está cerca, tu espíritu teme liderarte; si está lejos, floreces.

ANTONIO.- Vete. Dile a Ventidio que quiero hablar con él.

(Se va el Adivino).

ANTONIO.- Irá a Partia. Sea arte o intuición, dice la verdad. Hasta los dados están de su parte. Siempre gana cuando jugamos. Si echamos suertes, él triunfa; sus gallos derrotan a los míos, incluso contra toda lógica. Sus codornices vencen a las mías en desventaja. Volveré a Egipto. Esta boda me da paz, pero mi placer... está en Oriente.

(Aparece Ventidio).

ANTONIO.- ¡Ah, Ventidio, ven! Te irás cuanto antes hacia Partia. Tu nombramiento ya está listo. Ven a recogerlo.

(Se van).

Escena IV

En una calle de Roma.
Aparecen Lépido, Mecenas y Agripa.

LÉPIDO.- No se preocupen más y vayan a reunirse con sus generales.

AGRIPA.- Mi señor, tan pronto como Marco Antonio bese a Octavia, nos iremos con él.

LÉPIDO.- Hasta que los vea vestidos de campaña —que les sienta tan bien a ambos—, adiós.

MECENAS.- Tal como va el viaje, Lépido, creo que llegaremos al Monte Miseno antes que tú.

LÉPIDO.- Ustedes tienen una ruta más directa. Mis compromisos me hacen tomar algunos desvíos. Así que ustedes deberían llegar dos días antes.

MECENAS y AGRIPA.- Señor, buena suerte.

LÉPIDO.- Adiós.

(Se van).

ESCENA V

*En Alejandría, una habitación en el
palacio de Cleopatra.*

Aparecen Cleopatra, Charmian, Iras y Alexas.

CLEOPATRA.- Toquen música. La música es el alimento melancólico de quienes hablamos de amor.

TODOS.- ¡Música! ¡Música!

(Aparece Mardione, el eunuco).

CLEOPATRA.- Déjalo ya. Vamos a jugar al billar. Ven conmigo, Charmian.

CHARMIAN.- Me duele un poco el brazo. Mejor juega con Mardione.

CLEOPATRA.- Jugar con un eunuco es como jugar con otra mujer. Ven, ¿quieres jugar conmigo?

MARDIONE.- Señora, haré lo que pueda.

CLEOPATRA.- Si uno tiene buena voluntad, lo demás se perdona. No, ya no quiero jugar. ¡Tráiganme la caña de pescar! Mejor iremos al río. Allí, con música sonando a lo lejos, engañaré a los peces de aletas doradas. Cuando piquen el anzuelo y los saque del agua, imaginaré que cada uno es un Antonio y diré: "¡Ajá, te tengo!".

CHARMIAN.- Fue divertida aquella apuesta de pesca, cuando tu buceador colgó un pez seco del anzuelo y él lo sacó emocionado.

CLEOPATRA.- ¿Aquella vez? Qué tiempos aquellos. Mi risa lo desconcertó, y esa misma noche volvió a estar en mis brazos. A la mañana siguiente, antes de las nueve, lo tenía borracho, en mi cama, vistiendo mis tocados y mis túnicas, mientras yo llevaba su espada de Filipos.

(Aparecen un Mensajero).

¡Noticias de Italia! Pon en mi oído, estéril durante tanto tiempo, una palabra fértil.

MENSAJERO.- Señora, señora...

CLEOPATRA.- ¡Antonio ha muerto! No digas eso, maldito, o matarás a tu reina. Pero si dices que está bien y libre, aquí tienes oro, y para que beses, una mano azulada por las venas, que ha sido besada por reyes temblorosos.

MENSAJERO.- Primero que todo, señora, Antonio está bien.

CLEOPATRA.- Entonces toma más oro. Pero escúchame: también dicen que los muertos están bien. Si es eso lo que insinúas, fundiré el oro y te lo verteré por la garganta.

MENSAJERO.- Señora, escúcheme.

CLEOPATRA.- Bueno, habla. Aunque, si Antonio está libre y sano, ¿por qué esa cara tan amarga? Pareces una Furia trayendo una desgracia, no un hombre común con buenas noticias.

MENSAJERO.- ¿Puedo hablar sin interrupciones?

CLEOPATRA.- Estoy a punto de golpearte antes de oírte. Aunque, si dices que Antonio está vivo, libre, y es amigo de César y no su prisionero, te lloverá oro y te cubriré de perlas.

MENSAJERO.- Está bien, señora.

CLEOPATRA.- ¡Bien dicho!

MENSAJERO.- Y es amigo de César.

CLEOPATRA.- ¡Eres un hombre afortunado!

MENSAJERO.- César y él están más unidos que nunca...

CLEOPATRA.- ¡Tu fortuna está hecha conmigo!

MENSAJERO.- ... aunque, señora...

CLEOPATRA.- No me gusta ese "aunque". Le quita valor a todo lo anterior. "Aunque" es como un carcelero que suelta a un criminal. Vamos, amigo, dime todo lo que traes, tanto lo bueno y lo malo. Dijiste que es amigo de César, que está sano y libre.

MENSAJERO.- ¿Libre? No dije eso. Está ligado a Octavia.

CLEOPATRA.- ¿Ligado? ¿Cómo así?

MENSAJERO.- Por el lazo más fuerte: el del lecho.

CLEOPATRA.- Charmian, creo que me estoy poniendo pálida.

MENSAJERO.- Se ha casado con Octavia.

CLEOPATRA.- ¡Ojalá te lleve la peste!

(Le pega).

MENSAJERO.- ¡Calma, señora!

CLEOPATRA.- ¿Cómo te atreves? *(Lo abofetea)* ¡Fuera, miserable! ¡Te arranco los ojos y los pateo! ¡Te arrastraré por el suelo, haré que te azoten con alambres y te hiervan a fuego lento!

MENSAJERO.- Majestad, yo no llevé a cabo la boda. Solo traigo la noticia.

CLEOPATRA.- Dime que es mentira y te daré una provincia y una fortuna espléndida. Mis golpes serán tu castigo por alterarme, y además te premiaré con lo que me pidas.

MENSAJERO.- Se ha casado, señora.

CLEOPATRA.- ¡Rufián! ¡Has vivido demasiado!

(Saca un puñal).

MENSAJERO.- ¡Entonces me voy! Señora, ¿qué pretende? ¡Yo no tengo la culpa!

(Se va el Mensajero corriendo).

CHARMIAN.- Majestad, contrólate. Ese hombre no ha hecho nada malo.

CLEOPATRA.- Ni los inocentes se salvan del rayo.

¡Que Egipto se disuelva en el Nilo y los buenos se vuelvan serpientes! ¡Llamen a ese infame! Aunque esté furiosa, no lo morderé. ¡Vamos!

CHARMIAN.- Le da miedo volver.

CLEOPATRA.- No le haré daño. Estas manos pierden su nobleza golpeando a quien no lo merece. Y en realidad, la culpa me la he dado yo.

(Vuelve a aparecer el Mensajero).

Ven, acércate. Puede que seas honesto, pero dar malas noticias no es ninguna virtud. Las buenas nuevas merecen mil lenguas. Las malas, mejor que se callen hasta que duelan.

MENSAJERO.- Señora, yo solo cumplo con mi deber.

CLEOPATRA-. Entonces, ¿se ha casado? Si me lo repites, ya no podré odiarte más.

MENSAJERO.- Sí. Se ha casado, señora.

CLEOPATRA.- ¡Que los dioses te maldigan! ¿Sigues con lo mismo?

MENSAJERO.- ¿Quieres que mienta?

CLEOPATRA.- Ojalá lo hicieras, aunque eso convirtiera a Egipto en un pantano lleno de serpientes. ¡Fuera! Aunque tuvieras la cara de Narciso, te vería como un monstruo. ¿Se ha casado?

MENSAJERO.- Perdóname, majestad.

CLEOPATRA.- ¿Se ha casado?

MENSAJERO.- No quiero ofenderte, pero tampoco

mentirte. Castigarme por decir lo que debo no es justo. Y sí, señora, se ha casado con Octavia.

CLEOPATRA.- Ah... pensar que la falta de él te vuelve culpable a ti. ¡Vete! Las noticias que traes de Roma no las puedo pagar. ¡Quédate con ellas, que te destruyan!

(Se va el Mensajero).

CHARMIAN.- Majestad, debes tranquilizarte.

CLEOPATRA.- Por estar alabando a Antonio, he despreciado a César.

CHARMIAN.- Sí, señora, muchas veces.

CLEOPATRA.- Y así le he pagado... Sácame de aquí. Me voy a desmayar. ¡Iras! ¡Charmian! No importa. Buen Alexas, ve tras él. Pregunta cómo es Octavia, su edad, su carácter, y que no se le olvide el color de su cabello. ¡Quiero saberlo todo, rápido, rápido!

(Se va Alexas).

¡Que se quede allí para siempre! ¡No, que no se quede! Si por un lado parece una Gorgona, por el otro es Marte. ¡Que Alexas me diga cuánto mide! Ten compasión de mí, Charmian... pero no me hables. Llévame a mi cuarto.

(Se van).

ESCENA VI

Cerca de Miseno. Se escuchan trompetas y clarines.

Aparecen Pompeyo y Menas por una puerta, con tambores y trompetas; por otra, aparecen César, Lépido, Enobarbo, Mecenas, Agripa y otros soldados marchando.

POMPEYO.- Yo tengo a tus rehenes; tú tienes a los míos. Así que mejor hablemos antes de pelear.

CÉSAR.- Empezar con un diálogo siempre es lo mejor. Por eso te enviamos nuestras condiciones por escrito. Si ya las has considerado, dinos si eso basta para que guardes tu espada y devuelvas Sicilia a todos esos jóvenes valientes que, de otro modo, acabarán muriendo.

POMPEYO.- Escuchen bien los tres, ustedes que gobiernan el mundo como si fueran los propios enviados de los dioses. Les hablo con toda la franqueza de un hombre que clama justicia: no entiendo —y nunca podré entender— por qué mi padre no merece ser vengado, cuando dejó tras de sí un hijo dispuesto a honrar su memoria y aliados que le juraron lealtad. ¿Por qué se ha olvidado su nombre, mientras Julio César, que en Filipos se apareció como un espectro ante el noble Bruto, vio a hombres como ustedes sudar por su causa? ¿Qué fuerza fue la que hizo que el pálido Casio se alzara contra César? ¿Qué inspiró al honesto y honorable Bruto, a él y a todos sus compañeros, a teñir de sangre el mármol sagrado del Capitolio, sino su amor ardiente por la libertad y su deseo de que ningún hombre se erigiera por encima de los demás, como un dios entre mortales? Ellos dieron su vida por ese principio, y sus manos mancharon sus espadas no por ambición, sino por justicia. Por eso he armado mi flota. Mírenla: el mar hierve y retumba bajo su peso, como si Neptuno mismo quisiera unirse a nuestra causa. Con esos barcos no busco solo gloria ni dominio, sino castigar la ingratitud de una Roma corrupta que ha traicionado la memoria de mi padre, Sexto Pompeyo el Grande, y que se arrodilla ahora ante quienes olvidan la virtud que una vez juraron defender. Yo no pido más de lo que es justo: que se reconozca el derecho de sangre, que se repare la afrenta hecha a su nombre y que se devuelva a Roma el honor que ha perdido.

César.- No pierdas la calma.

Antonio.- Pompeyo, no nos impresiones con tu flota. Hablemos en el mar. Ya sabes que en tierra tenemos la ventaja.

Pompeyo.- Sí, en tierra tienes la ventaja de vivir en

la casa que fue de mi padre. Pero como el cuco, que pone sus huevos en nidos ajenos, disfrútala mientras puedas.

LÉPIDO.- Eso no viene al caso. Lo importante es saber si aceptas nuestras condiciones o no.

CÉSAR.- Sí, eso es lo que queremos saber.

ANTONIO.- No es que estemos suplicándote, pero piensa en lo mucho que te conviene aceptarlas.

CÉSAR.- Y en lo que te arriesgas si decides apostar por algo más.

POMPEYO.- Me ofrecen Sicilia y Cerdeña, y a cambio yo limpio el mar de piratas y envío a Roma una buena cantidad de trigo. Si acepto, nos separamos sin haber desenvainado las espadas ni roto los escudos.

CÉSAR, ANTONIO Y LÉPIDO.- Esa es nuestra oferta.

POMPEYO.- Entonces escuchen: vine dispuesto a aceptar, pero Marco Antonio puso a prueba mi paciencia. Aunque contar esto le quite mérito, debes saber que cuando César combatía a tu hermano, tu madre vino a Sicilia y yo la recibí con respeto y afecto.

ANTONIO.- Ya me habían contado, Pompeyo, y te agradezco sinceramente ese gesto.

POMPEYO.- Dame la mano. No esperaba encontrarme contigo aquí.

ANTONIO.- Las camas del Oriente son muy cómodas... Gracias por traerme de vuelta antes de lo esperado: he salido ganando.

CÉSAR.- Desde la última vez que te vi, te noto cambiado.

POMPEYO.- No sé cuánto ha cambiado mi cara con la fortuna, pero en mi corazón no entra nada que me someta.

LÉPIDO.- ¡Bienvenido seas!

POMPEYO.- Eso espero, Lépido. Entonces estamos de acuerdo. Quiero que el pacto quede por escrito y firmado.

CÉSAR.- Así será.

POMPEYO.- Y antes de irnos, celebremos. Vamos a echar a suertes quién invita primero.

ANTONIO.- Yo empiezo, Pompeyo.

POMPEYO.- No, Antonio. Lo echamos a suertes. Aunque primero o último, tu famoso banquete egipcio terminará ganando. He oído que Julio César ganó unos cuantos kilos con esas fiestas.

ANTONIO.- Has oído muchas cosas.

POMPEYO.- Lo digo sin mala intención.

ANTONIO.- Y con palabras amables.

POMPEYO.- Es lo que me contaron, y también que Apolonio llevó…

ENOBARBO.- ¡Ya basta! Sí, lo llevó.

POMPEYO.- ¿Llevó qué?

ENOBARBO.- A cierta reina en un colchón hasta donde estaba César.

POMPEYO.- Ahora sí te reconozco. ¿Cómo estás, soldado?

ENOBARBO.- Bien. Y creo que seguiré así, viendo que tenemos cuatro banquetes por delante.

POMPEYO.- Dame la mano. Jamás te tuve odio. Te vi pelear, y envidié tu forma de luchar.

ENOBARBO.- Señor, nunca fui tu amigo, pero cuando te he elogiado, has merecido diez veces más de lo que dije.

POMPEYO.- Sigue siendo tan sincero. Te queda bien. Están todos invitados a mi barco. ¡Vamos!

CÉSAR, ANTONIO y LÉPIDO.- ¡Llévanos!

POMPEYO.- Vamos.

(Se van todos menos Enobarbo y Menas).

MENAS.- Pompeyo no habría hecho un trato así si fuera como su padre. Tú y yo ya nos hemos visto.

ENOBARBO.- Creo que fue en el mar.

MENAS.- Así es.

ENOBARBO.- Y te ha ido bien en el mar.

MENAS.- Y a ti en tierra.

ENOBARBO.- Yo elogio a quien me elogia, aunque no se puede negar lo que he hecho en tierra.

MENAS.- Ni lo que yo he hecho en el mar.

ENOBARBO.- Pues hay algo que deberías negar por tu propio bien: has sido un gran ladrón en el mar.

MENAS.- Y tú en tierra.

ENOBARBO.- Ahí no te sigo el juego. Pero dame la mano, Menas. Si nuestros ojos fueran soldados, detendrían a dos ladrones dándose la mano.

MENAS.- La cara de un hombre muestra su verdad, aunque sus manos digan otra cosa.

ENOBARBO.- Pero una cara honesta no hace a una mujer hermosa.

MENAS.- No es un insulto: ellas roban corazones.

ENOBARBO.- Vinimos aquí a pelear contra ustedes.

MENAS.- Y aquí estamos, de fiesta. Pompeyo ha tirado su futuro como si nada.

ENOBARBO.- Llorando no lo va a recuperar.

MENAS.- Tienes razón. No esperábamos encontrar a Marco Antonio aquí. Dime, ¿acaso se casó con Cleopatra?

ENOBARBO.- No. La hermana de César se llama Octavia.

MENAS.- Sí, la que estuvo casada con Cayo Marcelo.

ENOBARBO.- Ahora es esposa de Marco Antonio.

MENAS.- ¿En serio?

ENOBARBO.- Sí. Es la verdad.

MENAS.- Entonces César y él están unidos para siempre.

ENOBARBO.- Si tuviera que hacer una apuesta, no apostaría precisamente por eso.

MENAS.- Parece más un matrimonio por conveniencia que por amor.

ENOBARBO.- Eso creo yo también. Y verás que ese lazo que ahora los une será el que los separe. Octavia es tranquila, piadosa, serena.

MENAS.- ¿Y quién no quiere una mujer así?

ENOBARBO.- Alguien como Marco Antonio. Volverá con su delicia egipcia, y los suspiros de Octavia solo servirán para avivar la rabia de César. Como te digo, lo que ahora sostiene su amistad, será lo que la destruya. Antonio seguirá sus deseos hasta allá donde realmente los siente. Aquí se casó solo por conveniencia.

MENAS.- Puede ser. Vamos, ¿vienes al barco? Te invito un trago.

ENOBARBO.- Acepto. Ya nos entrenamos en beber allá en Egipto.

MENAS.- Vamos.

(Se van).

Escena VII

Se escucha música. A bordo del barco
de Pompeyo, en Miseno.

Aparecen dos o tres Criados trayendo el banquete.

CRIADO 1.- Ahí vienen. Algunos ya no pisan firme:
con una brisa, salen volando.

CRIADO 2.- Lépido ya está empapado.

CRIADO 1.- De tanto hacer caridad a base de copas.

CRIADO 2.- Cuando la conversación se caldea, él se
mete en medio a decir "¡calma!", los reconcilia…
y también termina bebiendo.

CRIADO 1.- Y así termina declarando la guerra a su
buen juicio.

CRIADO 2.- Eso pasa por intentar estar al nivel de los
grandes. Yo prefiero un junco que me sirva a una
lanza que ni siquiera puedo levantar.

CRIADO 1.- Tener un alto cargo y no poder ejercerlo
es como tener cuencas sin ojos: te arruina la cara.

(Suenan clarines. Aparecen César, Antonio, Pom-
peyo, Lépido, Agripa, Mecenas, Enobarbo, Menas,
otros capitanes y un Muchacho).

ANTONIO.- Lo que hacen es medir el nivel del Nilo según las marcas en los obeliscos. Si el río está alto, bajo o medio, saben si habrá escasez o abundancia. Cuanto más sube, más promete. Cuando empieza a bajar, el campesino siembra sobre el barro húmedo y pronto cosecha.

LÉPIDO.- ¿Allá hay serpientes extrañas?

ANTONIO.- Sí, Lépido.

LÉPIDO.- Dicen que la serpiente egipcia nace del barro, por obra del sol. Igual que el cocodrilo.

ANTONIO.- Es cierto.

POMPEYO.- ¡Vamos a sentarnos y a brindar! ¡A la salud de Lépido!

LÉPIDO.- No estoy en mi mejor forma, pero nunca me echo atrás.

ENOBARBO.- *(Aparte)* Hasta que te caes dormido. Me temo que antes te vas a lanzar muy adelante.

LÉPIDO.- Me han contado que las pirámides de los Tolomeos son impresionantes. Y nadie me lo ha negado.

MENAS.- *(Aparte a Pompeyo)* Pompeyo, escucha.

POMPEYO.- *(Aparte a Menas)* Háblame al oído.

MENAS.- *(Al oído de Pompeyo)* Por favor, capitán, levántate un momento y escúchame.

POMPEYO.- Espera un poco.

¡Por Lépido!

LÉPIDO.- ¿Y cómo es el cocodrilo?

ANTONIO.- Tiene la forma de sí mismo, y el ancho que tiene. De alto es como es, y se mueve con lo que tiene. Se alimenta de lo que le nutre, y cuando muere, su alma viaja.

LÉPIDO.- ¿Y de qué color es?

ANTONIO.- Del suyo propio.

LÉPIDO.- ¡Qué criatura tan rara!

ANTONIO.- Sí, y sus lágrimas son húmedas.

CÉSAR.- ¿Con eso le alcanza para describirlo?

ANTONIO.- Como el brindis de Pompeyo: si no, es puro placer epicúreo.

POMPEYO.- *(Aparte a Menas)* ¡Por todos los dioses! ¿Aún sigues? ¡Déjame! Haz lo que te digo.

¿Y mi copa?

MENAS.- *(Aparte a Pompeyo)* Por lo que valgo, si me aprecias, levántate ya y escúchame.

POMPEYO.- Estás loco.

(Se levanta y se apartan a un lado).

POMPEYO.- ¿Qué es lo que pasa?

MENAS.- Siempre he estado del lado de tu suerte.

POMPEYO.- Has sido fiel. ¿Y qué más? ¡Ánimo, señores!

ANTONIO.- Lépido, cuidado con esas arenas movedizas, que te estás hundiendo.

MENAS.- ¿Quieres gobernar el mundo?

POMPEYO.- ¿Qué dijiste?

MENAS.- ¿Quieres gobernar el mundo? Ya te lo pregunté dos veces.

POMPEYO.- ¿Y cómo se hace eso?

MENAS.- Dime que sí. Aunque me veas pobre, puedo ponértelo todo en las manos.

POMPEYO.- ¿No estarás borracho?

MENAS.- No, Pompeyo. No he tocado una copa. Si te atreves, puedes convertirte en un Júpiter de carne y hueso. Lo que rodean los mares y cubren los cielos será tuyo si lo deseas.

POMPEYO.- Entonces dime cómo.

MENAS.- Los tres gobernantes están en tu barco. Déjame cortar las cuerdas, zarpar, y los mato. Todo será tuyo.

POMPEYO.- ¡Ah! Eso tendrías que haberlo hecho sin avisar. Para mí sería una infamia; para ti, un acto de lealtad. Pero escúchame: yo sigo a mi honor, no al provecho. Arrepiéntete de haber hablado. Si lo hubieras hecho por tu cuenta, lo habría aceptado. Pero ahora, como lo has dicho, tengo que rechazarlo. Déjalo y ven a brindar.

MENAS.- *(Aparte)* Ya no seguiré tu débil destino. Quien no aprovecha la oportunidad cuando se la dan, no la volverá a ver.

POMPEYO.- ¡Por Lépido!

ANTONIO.- Llévenlo a tierra. Pompeyo, yo respondo a tu brindis.

ENOBARBO.- ¡A tu salud, Menas!

MENAS.- ¡Y a la tuya, Enobarbo!

POMPEYO.- ¡Vino! ¡Que se llenen las copas!

ENOBARBO.- *(Señalando a un criado que se lleva a Lépido)* Este sí que es fuerte, Menas.

MENAS.- ¿Por qué?

ENOBARBO.- Porque carga con un tercio del mundo. ¿No lo ves?

MENAS.- Ese tercio está borracho. Si los otros dos también lo estuvieran, el mundo se pondría a bailar.

ENOBARBO.- Pues entonces a beber, y que siga el baile.

MENAS.- ¡Vamos!

POMPEYO.- Esto todavía no es una fiesta egipcia.

ANTONIO.- Pero se está cocinando. ¡Vamos, brindemos!

ANTONIO.- ¡Por César!

CÉSAR.- Yo ya debería parar. Es agotador empapar el cerebro de esta forma.

ANTONIO.- Disfruta el momento.

CÉSAR.- Mejor sería controlarlo. Prefiero no beber nada por cuatro días antes que vaciar tantas copas en uno solo.

ENOBARBO.- *(A Antonio)* Mi gran emperador, ¿bailamos ya las bacanales egipcias y consagramos la fiesta?

POMPEYO.- Vamos, buen soldado.

ANTONIO.- Todos de la mano, hasta que el vino nos hunda en el dulce olvido del Leteo.

ENOBARBO.- Todos juntos. Que suene la música. Mientras tanto, los acomodo y el muchacho canta. Y todos a cantar el estribillo con fuerza.

(Suena la música. ENOBARBO los toma de las manos).

MUCHACHO.- *(Cantando)*

Ven, tú, monarca de la vid,

Baco gordito de ojos rosados.

En tus grasas se ahoguen nuestras penas,

con tus uvas coronemos nuestras cabezas:

¡Sirve la copa hasta que el mundo gire,

sirve la copa hasta que el mundo gire!

TODOS.- ¡Vino, hasta que el mundo gire! ¡Vino, hasta que el mundo gire!

CÉSAR.- ¿Más todavía? Pompeyo, buenas noches. Cuñado, ven conmigo. Nuestros asuntos serios no aprueban tanta fiesta. Señores, nos vamos. Ya tenemos las caras encendidas. Enobarbo perdió la fuerza del vino y mi lengua tropieza. Este jolgorio nos volvió bufones. No diré más. Buenas noches. Antonio, dame la mano.

POMPEYO.- Te pondré a prueba en tierra.

ANTONIO.- Cuando quieras. Dame la mano.

POMPEYO.- ¡Ah, Antonio! Te quedaste con la casa de mi padre. Pero no importa, somos amigos. Vamos al bote.

ENOBARBO.- Cuidado, no te caigas.

(Se van todos menos Enobarbo y Menas).

ENOBARBO.- Menas, yo no bajo a tierra.

MENAS.- ¡No! ¡A mi camarote! ¡Tambores, clarines, flautas! ¡Que Neptuno escuche nuestro estruendo de despedida para estos grandes! ¡Toquen ya, o que los cuelguen!

(Suenan clarines y tambores).

ENOBARBO.- ¡Hurra, dice uno! ¡Ahí va mi gorro!

MENAS.- ¡Hurra! Ven, noble capitán.

(Se van).

Acto III

Escena I

En una planicie en Siria.

Aparece Ventidio triunfante con Silio y otros romanos, oficiales y soldados, precedidos del cadáver de Pacoro.

VENTIDIO.- ¡Ya está, Partia de los arqueros! Estás vencida. Por fin la suerte me permite vengar la muerte de Craso. Llevad el cadáver del hijo del rey ante las tropas. Orodes, tu hijo Pacoro paga hoy por Marco Craso.

SILIO.- Noble Ventidio, mientras tu espada aún humea con sangre de parta, persigue a los que huyen. Cruza rápido la Media y Mesopotamia, y alcanza los refugios de los vencidos. Así tu superior, el gran Antonio, te pondrá sobre un carro de triunfo, y tu frente llevará la corona de laurel.

VENTIDIO.- ¡Ah, Silio, Silio! Ya he hecho más que suficiente. Un subordinado debe saber cuándo detenerse, porque en este juego de poder, incluso la lealtad mal entendida puede volverse peligrosa. Aprende esto y grábatelo bien: es mejor quedarse corto que excederse, mejor no hacer nada que hacer demasiado y brillar en ausencia de quien ostenta el mando. Mira a César y a Antonio: muchas de sus victorias, las más celebradas, las deben más al esfuerzo y sacrificio de sus oficiales que a su propio genio. Y, sin embargo, ¿quién recibe la gloria? No siempre los que luchan en primera línea, sino los que portan la corona del mando. Sosio, por ejemplo, su lugarteniente en Siria, hombre valiente y capaz, tenía el mismo rango que yo y, sin embargo, su fama creció tan rápido, tan alto, que pronto dejó de ser vista como virtud y empezó a parecer amenaza. ¿Y qué ocurrió? Perdió el favor de Antonio. Así son las cosas, Silio: en la guerra, quien hace más que su jefe corre el riesgo de ser visto no como aliado, sino como rival. La ambición, que en un soldado es casi una virtud, debe aprender a frenarse, porque el superior prefiere perder antes que permitir que otro gane demasiado en su nombre y le haga sombra. Podría seguir actuando por el bien de Antonio, lo sabes; tengo fuerzas, hombres y estrategias aún no desplegadas. Pero, ¿de qué serviría? Cada paso que lo exalte menos a él que a mí sería una ofensa. Y una sola ofensa, aunque nacida del éxito, puede borrar todas las hazañas logradas. Por eso, Silio, el arte de servir bien está en saber cuándo detener la mano, incluso cuando podría seguir golpeando.

Silio.- Ventidio, tienes esa virtud que distingue a un soldado de su espada. ¿Vas a escribirle a Antonio?

Ventidio.- Le enviaré un informe humilde, contándole lo que hemos hecho en su nombre —ese nombre que es un grito de guerra por sí solo— y cómo, bajo su estandarte y con sus tropas bien pagadas, empujamos hasta el límite a la invencible caballería parta.

SILIO.- ¿Y dónde está él ahora?

VENTIDIO.- Parece que va camino a Atenas. Nosotros llegaremos antes que él, tan rápido como el peso del botín lo permita. ¡En marcha, adelante!

(Se van).

Escena II

En Roma, en una antesala en la casa de César.
Aparecen Agripa por una puerta y Enobarbo por la otra.

Agripa.- ¿Ya se despidieron los hermanos?

Enobarbo.- Ya terminaron con Pompeyo. Él se fue. Ahora los tres están firmando el pacto. Octavia llora porque tiene que dejar Roma. César está triste. Y según Menas, desde el banquete de Pompeyo, Lépido anda pálido y flojo.

Agripa.- ¡Pobre Lépido!

Enobarbo.- Muy fino. Y cómo quiere a César.

Agripa.- Sí, pero más aún adora a Marco Antonio.

Enobarbo.- ¿César? ¡El Júpiter de los hombres!

Agripa.- ¿Y Antonio? ¡El dios de Júpiter!

Enobarbo.- ¿Estabas hablando de César? ¡Oh, es incomparable!

Agripa.- ¡Ah, Antonio! ¡El fénix de Arabia!

Enobarbo.- Si quieres elogiar a César, solo di "César". No hace falta nada más.

AGRIPA.- Ya los llenaste de elogios a los dos.

ENOBARBO.- Pero quiere más a César... aunque quiere a Antonio. ¡Oh! Pechos, lenguas, cifras, escribas, bardos, poetas: ninguno puede pensar, decir, contar, escribir, cantar, rimar... el amor que le tiene a Antonio. Pero a César... ¡de rodillas, de rodillas! ¡A venerarlo!

AGRIPA.- Los quiere a los dos.

ENOBARBO.- Son el estiércol de este escarabajo.

(Se escuchan trompetas y clarines).

Es hora de montar. ¡Adiós, noble Agripa!

AGRIPA.- Buena suerte, gran soldado. ¡Adiós!

(Aparecen César, Antonio, Lépido y Octavia).

ANTONIO.- No sigas.

CÉSAR.- Te llevas una parte de mí. Cuídala como a mí mismo. Hermana, sé la esposa que he imaginado: tan virtuosa que pondría por ti todo en juego. Antonio, por favor, no dejes que esa joya de virtud, que hoy fortalece nuestro lazo, se convierta en el ariete que lo derrumbe. Si no hay amor por ambos lados, mejor no habernos emparentado así.

ANTONIO.- No dejes que tus sospechas me ofendan.

CÉSAR.- Ya he dicho lo que quería decir.

ANTONIO.- Por mucho que busques, no encontrarás ni una sombra de motivo para dudar de mí. ¡Que los dioses te acompañen, y que el corazón del pueblo romano apoye tus planes! Aquí nos despedimos.

CÉSAR.- Adiós, queridísima hermana, adiós. Que los elementos te acompañen y llenen de ánimo tu espíritu. Adiós.

OCTAVIA.- ¡Mi noble hermano!

ANTONIO.- En sus ojos está abril. Estas lágrimas son el comienzo de una primavera de amor. Ánimo.

OCTAVIA.- Cuida bien de la casa de mi esposo y...

CÉSAR.- ¿Y qué, Octavia?

OCTAVIA.- Mejor te lo diré al oído.

ANTONIO.- Su lengua no obedece al corazón, y el corazón no sabe guiar su lengua. Es como el plumón de cisne que flota inmóvil antes de la marea.

ENOBARBO.- *(Aparte, a Agripa)* ¿Va a llorar César?

AGRIPA.- *(Aparte, a Enobarbo)* Tiene una nube en la cara.

ENOBARBO.- En un caballo, sería una mancha. Y también lo es en un hombre.

AGRIPA.- Pero, Enobarbo, cuando Antonio vio muerto a Julio César, casi rugía de dolor. Y también lloró cuando encontró muerto a Bruto en Filipos.

ENOBARBO.- Ese año andaba con los ojos llorosos. Lamentaba lo que él mismo había destruido. Cuando me veas llorar, créelo.

CÉSAR.- No, querida Octavia, tendrás noticias mías

constantemente. El tiempo jamás hará que te olvide.

ANTONIO.- Vamos, vamos. Que este abrazo sea un pulso de amor entre nosotros. Mira, ya te tengo. Y ahora te suelto... para dejarte en manos de los dioses.

CÉSAR.- Adiós. Sé feliz.

LÉPIDO.- ¡Que las incontables estrellas iluminen tu camino!

CÉSAR.- ¡Adiós, adiós!

(Le da un beso a Octavia).

ANTONIO.- ¡Adiós!

(Suenan más trompetas y clarines. Se van).

Escena III

En Alejandría, una habitación en el
palacio de Cleopatra.

Aparecen Cleopatra, Charmian, Iras y Alexas.

Cleopatra.- ¿Dónde está ese hombre?

Alexas.- Tiene miedo de entrar.

Cleopatra.- ¡Vamos, vamos!

(Aparece de nuevo el Mensajero anterior).

Ven aquí. No tengas miedo.

Alexas.- Majestad, ni Herodes de Judea se atrevería a mirarte si no estás de buen humor.

Cleopatra.- Voy a pedir la cabeza de ese Herodes. Pero, ¿cómo hacerlo si Antonio no está? ¿Quién va a dar la orden por mí? Tú, acércate.

Mensajero.- ¡Augusta majestad!

Cleopatra.- ¿Has visto a Octavia?

Mensajero.- Sí, temida reina.

Cleopatra.- ¿Dónde?

Mensajero.- En Roma, señora. Le vi la cara; la vi caminar entre su hermano y Marco Antonio.

CLEOPATRA.- ¿Es de mi estatura?

MENSAJERO.- No, señora.

CLEOPATRA.- ¿La oíste hablar? ¿Tiene voz chillona o más bien baja?

MENSAJERO.- La escuché, señora. Habla en tono bajo.

CLEOPATRA.- Mala señal. No le durará mucho el gusto.

CHARMIAN.- ¿Que a él le guste? ¡Ah, Isis! ¡Imposible!

CLEOPATRA.- También lo creo, Charmian. Voz grave, bajita… ¿Tiene presencia al caminar? Recuérdalo, si es que alguna vez has visto lo que es tener majestad.

MENSAJERO.- Camina como si se arrastrara. Lo mismo de pie que andando. Tiene cuerpo, sí, pero parece una estatua sin vida.

CLEOPATRA.- ¿En serio?

MENSAJERO.- Sí, o yo no sé observar.

CHARMIAN.- No hay tres personas en Egipto con mejor vista.

CLEOPATRA.- Es listo, se le nota. Esa mujer no tiene nada especial. Este hombre sabe lo que dice.

CHARMIAN.- Y muy bien.

CLEOPATRA.- A ver, calcula su edad.

MENSAJERO.- Señora, era viuda…

CLEOPATRA.- ¿Viuda? ¡Escucha eso, Charmian!

MENSAJERO.- Creo que tiene unos treinta años.

CLEOPATRA.- ¿Recuerdas bien su rostro? ¿Es alargado o redondo?

MENSAJERO.- Muy redondo.

CLEOPATRA.- Las que tienen la cara así suelen ser tontas. ¿Y el cabello? ¿De qué color lo tiene?

MENSAJERO.- Castaño, señora. Y la frente, baja... no más baja de lo que alguien quisiera.

CLEOPATRA.- Toma este oro. No te tomes a mal mi malhumor de antes. Quiero darte más trabajo; creo que eres perfecto para ello. Vamos, prepárate; mis cartas ya están listas.

(Se va el Mensajero.)

CHARMIAN.- Un tipo excelente.

CLEOPATRA.- Es cierto. Me arrepiento mucho de haberle tratado mal. Por lo que dice, esa mujer no tiene nada de especial.

CHARMIAN.- Nada de nada, señora.

CLEOPATRA.- Él ha visto majestad, sabe reconocerla.

CHARMIAN.- ¿Que si ha visto majestad? ¡Por Isis, claro que sí! ¡Con todo el tiempo que ha estado a tu lado!

CLEOPATRA.- Querida Charmian, aún tengo que preguntarle algo más. No importa. Puedes llevarlo donde voy a escribir. Todo puede salir bien.

CHARMIAN.- Seguro que sí, señora.

(Se van).

Escena IV

En Atenas, en una habitación en casa de Antonio.
Aparecen Antonio y Octavia.

ANTONIO.- No, Octavia, no es solo eso. Créeme, si solo se tratara de ese asunto, podría encontrarle disculpa —a eso y a mil cosas más que estuvieran en ese mismo nivel—, podría pasarlo por alto con cierta facilidad. Pero no es así. Vuelve a declarar la guerra a Pompeyo sin consultarlo, sin buscar consenso, como si sus decisiones no afectaran a todos por igual. Hace un testamento y, en un acto casi teatral, lo lee en público, exhibiéndolo ante todos como si quisiera humillarme de forma calculada. Habla de mí, Octavia, pero lo hace con una sequedad que duele más que cualquier insulto. Cuando la ocasión lo obliga a elogiarme, lo hace de manera fría, mecánica, como quien cumple un trámite vacío, sin alma ni convicción. Sus palabras suenan huecas, como si el reconocimiento le costara, como si cada sílaba de alabanza fuera arrancada a la fuerza. Y lo peor es que no se trata de falta de oportunidad. Tiene mil momentos en los que podría, con facilidad y justicia, darme el mérito que merezco, pero los deja pasar, como si deliberadamente evitara hacerlo. Y cuando al fin lo hace, Octavia, se siente falso, como si no viniera de su corazón, sino de una lengua forzada por la etiqueta. Eso no es olvido, es intención. Y esa intención es la que hiere.

OCTAVIA.- Mi buen esposo, no creas todo lo que oigas o, si lo haces, al menos no te lo tomes tan a pecho. Si hubiera conflicto entre ustedes, yo sería la más desdichada, rezando por ambos hombres. Los dioses se reirían de mí si rogara «Bendice a mi esposo» y luego dijera «Bendice a mi hermano». Pedir que los dos salgan victoriosos es como no pedir nada, porque no hay punto medio entre esos extremos.

ANTONIO.- Noble Octavia, que tu amor sensato te lleve a apoyar a quien más lo merece. Si pierdo mi honor, me pierdo a mí mismo; mejor sería no ser tu esposo que serlo deshonrado. Pero como lo has pedido, intenta mediar entre nosotros. Mientras tanto, reuniré un ejército que le hará quedar en vergüenza. Ve con rapidez, y que se cumplan tus deseos.

OCTAVIA.- Gracias, esposo. Ojalá Júpiter todopoderoso me dé fuerzas para reconciliarlos. Una guerra entre ustedes sería como si el mundo se partiera en dos, y solo los muertos pudieran cerrarlo.

ANTONIO.- Cuando veas con claridad quién empezó esto, vuelca ahí tu disgusto. Porque nuestras culpas no serán tan iguales como para que tu amor trate a ambas con la misma medida. Prepara el viaje, elige con quién ir y gasta lo que haga falta.

(Se van).

Escena V

En la misma casa de Antonio, otra habitación.
Aparecen Enobarbo y Eros.

Enobarbo.- ¿Qué hay, amigo Eros?

Eros.- Noticias sorprendentes.

Enobarbo.- ¿Como cuáles?

Eros.- César y Lépido le declararon la guerra a Pompeyo.

Enobarbo.- Eso ya lo sabía. ¿Y cómo terminó?

Eros.- César usó a Lépido para luchar contra Pompeyo, pero apenas se logró la victoria, le quitó méritos, no quiso compartir la gloria con él. Y no se detuvo ahí: le acusó de haber escrito cartas a Pompeyo hace tiempo y, con eso, lo arrestó. Así que el pobre triunviro está encerrado, esperando que la muerte lo libere de su prisión.

Enobarbo.- Entonces al mundo le quedan solo dos mandíbulas, y aunque les des de comer todo lo que puedas, al final se devorarán entre ellas. ¿Y Antonio?

Eros.- Anda paseando por el jardín, dando patadas

a los juncos. Grita "¡Estúpido Lépido!" y amenaza con degollar a ese oficial suyo que mató a Pompeyo.

ENOBARBO.- Nuestra gran flota ya está lista.

EROS.- Sí, contra Italia y contra César. Y hay más, Domicio: mi señor quiere verte pronto. Tal vez debí guardar estas noticias para después.

ENOBARBO.- No pasa nada. Vamos, llévame con Antonio.

EROS.- Vamos.

(Se van).

ESCENA VI

En Roma, en una habitación en casa de César.
Aparecen Agripa, Mecenas y César.

CÉSAR.- Ignorando a Roma, ha hecho en Alejandría todo eso y más. Te explico cómo: en plena plaza pública, sentados en tronos de oro sobre una tarima plateada, aparecen Cleopatra y él. A sus pies, Cesarión —al que llaman hijo de mi padre— y toda la camada ilegítima que su lujuria ha engendrado. A ella le entrega Egipto, y la nombra reina absoluta de la Baja Siria, Chipre y Lidia.

MECENAS.- ¿Eso lo hizo en público?

CÉSAR.- Sí. En el gimnasio y delante de todos. A sus hijos los proclama "reyes de reyes": a Alejandro le da la Gran Media, Armenia y Partia; a Tolomeo, Siria, Cilicia y Fenicia. Dicen que Cleopatra, ese mismo día y en otras ocasiones, concedía audiencias vestida como la diosa Isis.

MECENAS.- Roma tiene que saber esto.

AGRIPA.- Y, asqueada por tanta insolencia, le retirará su favor.

CÉSAR.- El pueblo ya está informado. También conocen las acusaciones que me hace.

AGRIPA.- ¿A ti? ¿De qué te acusa?

CÉSAR.- De haber derrotado a Sexto Pompeyo en Sicilia y no haberle entregado su parte. Dice también que no le devolví los barcos que me prestó, y que me adueñé de las rentas de Lépido al apartarlo del triunvirato.

AGRIPA.- Señor, hay que responderle.

CÉSAR.- Ya lo hice; el mensajero partió hace tiempo. Le expliqué que Lépido se volvió cruel, que abusaba de su poder y que merecía ser castigado. Sobre mis conquistas, le concedo una parte, pero también le exijo lo mismo de Armenia y de sus territorios ganados.

MECENAS.- No creo que acepte.

CÉSAR.- Ni yo cederé a sus exigencias.

(Aparece Octavia con su séquito).

OCTAVIA.- ¡Salud, querido César! ¡Salud, señores!

CÉSAR.- Jamás pensé tener que llamarte "abandonada".

OCTAVIA.- Ni lo has hecho ni hay motivo para hacerlo.

CÉSAR.- ¿Por qué llegas así, casi en secreto, sin pompa ni anuncio? No pareces hermana mía, Octavia. A la esposa de Antonio debía precederla un séquito digno de su rango, y los relinchos de los caballos debieron anunciar su llegada mucho antes de que sus propios pasos tocaran Roma. Los caminos tendrían que haberse llenado de curiosos y leales, deseosos de verte, con los árboles cargados de gente trepada solo para atisbar tu llegada. Hasta el cielo mismo debería haberse oscurecido con el polvo levantado por la marcha de tu escolta, como una señal para toda la ciudad de que estabas por entrar. Así habría sido justo, así habría correspondido a tu nombre y a tu nueva posición. Y, sin embargo, entras a Roma como una simple campesina, como si quisieras pasar inadvertida, robándonos el placer y el deber de recibirte como mereces. ¿No ves que cuando el afecto se oculta, el mundo lo juzga inexistente? No basta con sentirlo: debe mostrarse, debe vivirse en público, para que sea real a los ojos de todos. Deberíamos haberte salido al encuentro por tierra y por mar, desde las puertas hasta el puerto, acompañando tu camino con vítores y honores en cada paso. Así te habríamos dado la bienvenida que corresponde a una mujer que une dos grandes casas, que simboliza la paz que tanto necesita Roma. Y, sin embargo, aquí estás… casi en silencio.

OCTAVIA.- Mi querido hermano, vine por voluntad propia. Al oír que preparabas una guerra, sentí tanta preocupación que le pedí permiso a mi esposo para venir a verte.

CÉSAR.- Y él te lo concedió enseguida, porque al final solo eras un obstáculo entre él y su amante.

OCTAVIA.- No digas eso.

CÉSAR.- Tengo mis espías. Sus acciones me llegan como el viento. ¿Sabes dónde está ahora?

OCTAVIA.- En Atenas, señor.

CÉSAR.- No, hermana engañada. Le bastó una señal de Cleopatra para cederle su imperio a esa mujer, y juntos han movilizado a todos los reyes del mundo para ir a la guerra. Con él están Boco, rey de Libia; Arquelao, de Capadocia; Filadelfo, rey de Paflagonia; Sadalas, rey de Tracia; Maleo, rey de Arabia; el rey del Ponto; Herodes, de Judea; Mitrídates, rey de Comagena; Polemón y Amintas, reyes de los medos y los licaones, y una larga lista de coronas.

OCTAVIA.- ¡Qué desgracia! Tengo el corazón dividido entre dos personas que amo y que están enfrentadas.

CÉSAR.- Sé bienvenida. Tus cartas evitaron que estallara la guerra hasta que vi que te estaban engañando y que mi pasividad estaba poniendo a Roma en peligro. Ten ánimo. No dejes que el momento arruine tu paz; deja que el destino cumpla su curso sin quejas. Eres muy bienvenida en Roma; no hay nadie más querido para mí. Te han traicionado de forma inimaginable, y los dioses, para hacerte justicia, actúan a través de mí y de las demás personas que te aman. Consuélate y siéntete acogida.

AGRIPA.- Bienvenida, señora.

MECENAS.- Bienvenida, señora. Toda Roma te quiere y te compadece. Solo Antonio, sin freno en su deshonra, te rechaza y entrega su poder a una mujerzuela que ahora nos acusa.

OCTAVIA.- ¿Es verdad todo esto que dices?

CÉSAR.- Lo es, completamente. Hermana, bienvenida. Te lo ruego: cultiva la paciencia. ¡Mi queridísima hermana!

(Se van).

ESCENA VII

Cerca de Accio, en el campamento de Antonio.
Aparecen Cleopatra y Enobarbo.

CLEOPATRA.- Ya me lo pagarás, no tengas dudas de eso.

ENOBARBO.- ¿Pero por qué? ¿De qué hablas? ¿Qué he hecho?

CLEOPATRA.- Te opones a que vaya a la guerra y dices que no es apropiado.

ENOBARBO.- ¿Y acaso no lo es?

CLEOPATRA.- ¿Acaso no han declarado la guerra contra mí? Entonces, ¿por qué no habría de estar presente?

ENOBARBO.- Podría decirte que, si fuéramos todos caballos y yeguas, sobrarían los caballos... porque soldados y caballos estarían montados sobre las yeguas.

CLEOPATRA.- ¿De qué me estás hablando?

ENOBARBO.- Lo que quiero decir es que tu presencia será una distracción para Antonio. Le quitarás energía, tiempo y concentración, justo lo que él más necesita. Ya lo acusan de frívolo, y en Roma incluso dicen que esta guerra la están dirigiendo Plotino —un eunuco— y tus doncellas.

CLEOPATRA.- ¡Que se hunda Roma, y se pudran las lenguas de los que calumnian contra mí! He invertido en esta guerra, y como reina que soy, estaré presente, igual que un hombre. No me lo impidas. No voy a quedarme atrás.

(Aparecen Antonio y Canidio).

ENOBARBO.- Ya he dicho suficiente. Aquí viene el emperador.

ANTONIO.- Canidio, ¿no es increíble que haya cruzado desde Brindis y Tarento el mar Jónico tan rápido y tomado Torine? — ¿Tú lo sabías, amor mío?

CLEOPATRA.- Quien más se sorprende con la velocidad es quien ha sido lento.

ANTONIO.- Buena respuesta. Podría servir como reproche hasta para el más valiente. Canidio, los enfrentaremos por mar.

CLEOPATRA.- ¿Y cómo si no?

CANIDIO.- ¿Pero por qué por el mar, señor?

ANTONIO.- Porque él me desafió de ese modo.

ENOBARBO.- Y tú, señor, le propusiste un combate cuerpo a cuerpo.

CANIDIO.- Sí, en Farsalia, donde César venció a Pompeyo. Pero él rechazó todas las propuestas que no le convenían, igual que tú deberías rechazar la suya.

ENOBARBO.- Tu flota no es fuerte: está formada por muleros, campesinos y gente reclutada a la fuerza y con poca preparación. La flota de César está compuesta por veteranos que lucharon contra Pompeyo. Sus barcos son ligeros; los tuyos, pesados. No sería vergonzoso que te negaras a pelear en el mar, estando dispuesto a hacerlo en tierra.

ANTONIO.- Será en el mar, ya lo he dicho.

ENOBARBO.- Mi señor, así estás echando por la borda toda la ventaja que tienes en tierra. Divides un ejército experto en combate cuerpo a cuerpo; desprecias la estrategia que te ha dado fama; te apartas del camino que garantiza la victoria y te entregas al azar, teniendo certeza.

ANTONIO.- Pelearé en el mar. No se hable más del asunto.

CLEOPATRA.- Tengo sesenta barcos, mejores que los de César.

ANTONIO.- Quemaremos las naves que no necesitemos, y con el resto, bien tripuladas, lo enfrentaremos desde Accio. Si perdemos, entonces lucharemos por tierra.

(Aparece un Mensajero).

ANTONIO.- ¿Hay noticias?

MENSAJERO.- Muy ciertas, señor. Lo han visto. César ha tomado Torine.

ANTONIO.- ¿Él mismo en persona? No puede ser. Ya es bastante sorprendente que su ejército haya llegado. Canidio, te encargo mis diecinueve legiones en tierra y mis doce mil jinetes. Yo iré directo a mi barco. ¡Vamos, mi Tetis!

(Aparece un Soldado).

ANTONIO.- ¿Qué noticias traes, buen soldado?

SOLDADO.- ¡Mi noble emperador, no pelees en el mar! No confíes en endebles tablas. ¿Acaso no confías en mi espada ni en las heridas que llevo en el cuerpo? Que naden los egipcios y los fenicios; nosotros conquistamos pisando tierra firme y peleando cara a cara.

ANTONIO.- Muy bien, muy bien. Hasta luego.

(Se van Antonio, Cleopatra y Enobarbo).

SOLDADO.- Por Hércules, estoy seguro de lo que digo.

CANIDIO.- Tienes razón, soldado. Pero él no basa sus decisiones en la fuerza. El que debería guiarnos, es guiado... y todos servimos a mujeres.

SOLDADO.- Tú estás al mando de las legiones y toda la infantería, ¿verdad?

CANIDIO.- Marco Octavio, Marco Justeyo, Publicola y Celio van por mar. Yo mando en tierra. La rapidez de César es casi imposible de describir.

SOLDADO.- Cuando estaba en Roma, sus tropas se movían con tal coordinación que burlaban a todos los espías.

CANIDIO.- ¿Sabes quién es su segundo al mando?

SOLDADO.- Dicen que un tal Tauro.

CANIDIO.- Lo conozco bien.

(Aparece un Mensajero).

MENSAJERO.- El emperador manda llamar a Canidio.

CANIDIO.- Estos tiempos están cargados de noticias, y cada minuto nos trae una nueva.

(Se van).

Escena VIII

Una planicie cerca de Accio.
**Aparecen César y Tauro con el ejército
ya en marcha.**

César.- ¡Tauro!

Tauro.- ¿Sí, señor?

César.- No ataques por tierra ni dividas las tropas.
Nada de entrar en combate hasta que yo haya terminado por mar. Sigue exactamente las instruc-
ciones de este escrito: nuestra suerte depende de
cómo se resuelva esta apuesta.

(Se van).

Escena IX

En otra parte de la misma planicie en Accio.
Aparecen Antonio y Enobarbo.

Antonio.- Despleguemos nuestras tropas al otro lado de esa colina, donde las fuerzas de César puedan vernos por completo. Desde allí podremos observar también los barcos y actuar según su número.

(Se van).

Escena X

Otra parte de la misma planicie en Accio.

Aparecen Canidio con su ejército, cruzando el escenario por un lado, y Tauro, lugarteniente de César, con el suyo por el otro lado del escenario. Aparecen y entonces se oye el fragor de un combate naval. Suenan trompetas. Aparece también Enobarbo.

ENOBARBO.- ¡Todo está perdido! ¡Perdido completamente! ¡No puedo seguir mirando! La *Antoniada*, la nave insignia de Egipto, y sus sesenta barcos han virado... ¡y están huyendo! Verlo me quema los ojos.

(Aparece Scaro).

SCARO.- ¡Dioses, diosas y todo su consejo celestial!

ENOBARBO.- ¿Por qué hay tanto alboroto?

SCARO.- ¡Hemos perdido a casi todo el mundo por pura estupidez! Los besos se han llevado reinos y provincias.

ENOBARBO.- ¿Cómo va la batalla?

SCARO.- Por nuestro lado... como la peste: mortal e imparable. Esa yegua caliente de Egipto (¡ojalá la consuma la lepra!), en plena batalla, cuando todo estaba parejo —o incluso a nuestro favor—, siente un impulso, como vaca picada por tábanos en junio, y levanta velas... y se escapa.

ENOBARBO.- Ya lo vi. No pude seguir mirando. Me repugnó la escena.

SCARO.- En cuanto ella viró, Antonio —noble ruina hechizada por sus encantos— también desplegó velas y, como pato en celo, salió volando tras ella en medio del combate. Jamás vi una acción tan deshonrosa. La experiencia, el valor, el honor... ninguno había sido tan profundamente humillado.

ENOBARBO.- Qué dolor... ¡qué profundo dolor!

(Aparece Canidio).

CANIDIO.- Nuestra suerte en el mar se ha acabado y se hunde en la desgracia. Si nuestro general hubiera estado a la altura de su fama, todo habría salido bien. Pero su huida es ahora el permiso para que todos huyamos.

ENOBARBO.- ¿Eso crees? Entonces, sí... todo ha terminado.

CANIDIO.- Huyeron hacia el Peloponeso.

SCARO.- Llegar allí es fácil. Yo me quedaré esperando para ver qué ocurre después.

CANIDIO.- Yo me rindo a César, junto con las legiones y la caballería. Ya seis reyes me han mostrado el camino.

ENOBARBO.- Yo aún seguiré a Antonio, aunque su suerte esté herida y aunque el viento de la razón nos sople en contra.

(Se van).

Escena XI

En Alejandría, en el palacio de Cleopatra.
Aparecen Antonio y acompañamiento.

Antonio.- ¡Escuchen! La tierra ya no quiere que la pise. Le avergüenza sostenerme. Acérquense, amigos. Se me ha hecho tan oscuro el mundo que ya me he perdido para siempre. Tengo un barco lleno de oro: tómenlo y repártanlo entre todos ustedes. Huyan, hagan las paces con César.

Todos.- ¿Huir? No, eso jamás.

Antonio.- Yo mismo he huido, y con ello he dado ejemplo a los cobardes, les he mostrado cómo se huye y les he enseñado, sin quererlo, a seguirme en la vergüenza. Amigos, márchense. He tomado una decisión que no necesita ni espera de ustedes. Váyanse, no quiero arrastrarlos a mi ruina. Mi tesoro está en el puerto: es suyo, pueden tomarlo. Ya nada me importa. He seguido un camino que ahora, con solo recordarlo, me cubre de sonrojo y amargura. Hasta mis propios cabellos parecen estar en disputa: las canas acusan a los cabellos negros de ser temerarios e imprudentes, y los negros culpan a las canas de ser débiles y teme- rosas. En mí mismo hay una guerra civil que me consume. Márchense de una vez. Les daré cartas de recomendación para amigos que sabrán aco- gerlos y abrirles paso donde yo ya no puedo ha- cerlo. Vamos, no se entristezcan por mí ni me respondan con compasión. Aprovechen lo único que les puedo ofrecer: lo que queda de mi deses- peración. No sigan atados a quien ya se ha aban- donado a sí mismo. ¡Vayan al muelle! Allí serán dueños del barco y de todo el tesoro que guarda. Déjenme solo un instante, se los ruego. Ya no tengo autoridad para ordenar nada; por eso, ahora no mando, sino que imploro. Les pido como un hombre vencido que, al menos, me concedan este último deseo. Vayan, y cuando se hayan mar- chado, nos veremos pronto.

(Se sienta. Se va el grupo).

(Aparece Cleopatra llevada por Charmian e Iras. Eros también las sigue).

EROS.- Mi noble señora, ve con él. Anímalo.

IRAS.- Hazlo, querida reina.

CHARMIAN.- Sí, ¿qué otra cosa podrías hacer?

CLEOPATRA.- Déjenme sentarme. ¡Ah, Juno!

ANTONIO.- ¡No, no, no, no, no!

EROS.- ¿Ves quién está aquí, señor?

ANTONIO.- ¡Ah, pura vergüenza, vergüenza!

CHARMIAN.- ¡Mi señora!

IRAS.- ¡Señora, gran emperatriz!

EROS.- ¡Mi señor, mi señor!

ANTONIO.- Sí, señor, sí... Él en Filipos, con su espada enfundada como un bailarín, mientras yo enfrentaba a ese flaco y arrugado Casio... Y fui yo quien acabó con el loco de Bruto. Eran sus subordinados los que luchaban, porque él no sabía nada de guerras reales. Pero no importa.

CLEOPATRA.- ¡Ah, quédate a mi lado!

EROS.- La reina, señor, la reina.

IRAS.- Ve con él, señora, háblale. La vergüenza lo consume.

CLEOPATRA.- Está bien... Ayúdenme a ponerme de pie. ¡Ah!

EROS.- Mi señor, levántese. La reina se acerca. Está destrozada, y si no la animas, morirá.

ANTONIO.- He traicionado mi honor. Ha sido una bajeza, lo más vil.

EROS.- Señor, la reina.

ANTONIO.- ¡Ah! ¿A dónde me has llevado, Egipto? Mira cómo aparto de ti la mirada, escondiendo mi vergüenza. Miro hacia lo que destruí con deshonra.

CLEOPATRA.- ¡Ah, mi señor, mi señor! Perdona a mis barcos cobardes. ¡Cómo iba yo a imaginar que me seguirías!

ANTONIO.- Reina, tú sabías perfectamente que a tu timón llevaba atado mi corazón. Sabías que me arrastrarías. Conocías tu poder absoluto sobre mi alma, y que ante una señal tuya yo obedecería, incluso por encima de los dioses.

CLEOPATRA.- ¡Perdóname!

ANTONIO.- Ahora tengo que mendigar paz a ese muchacho, maquinar, hacer tretas rastreras... Yo, que jugué con la mitad del mundo como si fuera un tablero, creando y destruyendo fortunas. Tú sabías bien lo profundamente que me dominabas, y que mi espada, debilitada por el amor, obedecería tus deseos.

CLEOPATRA.- ¡Perdóname, por favor!

ANTONIO.- No derrames ni una sola lágrima; una sola basta para pagar lo que ganamos y perdimos. Dame un beso. Eso lo compensa todo. — ¿Mandé al tutor? ¿Ha vuelto ya? — Amor mío, me siento de plomo. ¡Vino y comida! La fortuna sabe bien que más la desprecio cuanto más me golpea.

(Se van).

Escena XII

En Egipto, en el campamento de César.
Aparecen César, Dolabela, Tireo y otros.

CÉSAR.- Que entre el emisario de Antonio. ¿Lo conoces?

DOLABELA.- César, es su maestro de escuela. Eso demuestra que ha perdido fuerza, si hasta aquí envía un ala tan pobre de su vuelo, cuando no hace muchas lunas tenía reyes de sobra como mensajeros.

(Aparece el Eufronio, embajador de Antonio).

CÉSAR.- Acércate y habla.

EUFRONIO.- Vengo como humilde servidor de Antonio. He contado tan poco en sus campañas como el rocío en una rama frente al océano.

CÉSAR.- Está bien. Da tu mensaje.

EUFRONIO.- El señor de su propio destino te saluda y te pide que le permitas quedarse en Egipto. Si no, rebaja su petición y se conforma con vivir entre cielo y tierra como un simple ciudadano de Atenas. Eso por él. En cuanto a Cleopatra, reconoce tu grandeza, se somete a tu poder y solicita que la corona de los Tolomeos quede para sus hijos, si es que así lo decides.

CÉSAR.- A los ruegos de Antonio no los atiendo. A la reina le concederé audiencia y lo que pida, si expulsa de Egipto a su amante deshonrado o lo entrega muerto. Si lo hace, no rogará en vano. Vete y lleva contigo esta respuesta.

EUFRONIO.- ¡Que la fortuna te acompañe!

CÉSAR.- Vayan con él hasta que salga del campamento.

(Se va Eufronio).

(Dirigiéndose a Tireo) Ahora es tu turno de demostrar tu elocuencia. ¡Ve! Apártala de Antonio. Prométele en mi nombre lo que quiera. Agrega lo que se te ocurra. Las mujeres no son fuertes ni en la felicidad: la necesidad puede hacer perjurar hasta a una virgen sagrada. Usa tu ingenio, Tireo. A ti mismo dile cuánto vale tu esfuerzo, y yo lo aceptaré como ley.

TIREO.- César, salgo de inmediato.

CÉSAR.- Observa cómo Antonio lleva su infortunio y juzga si su ánimo se refleja en todo lo que hace.

TIREO.- Así lo haré, César.

(Se van).

Escena XIII

En Alejandría, en el palacio de Cleopatra.

Aparecen Cleopatra, Enobarbo, Charmian e Iras.

CLEOPATRA.- ¿Qué deberíamos hacer ahora, Enobarbo?

ENOBARBO.- Pensar y morir.

CLEOPATRA.- ¿Quién tiene la culpa, Antonio o yo?

ENOBARBO.- Solo Antonio, por permitir que su deseo gobernara sobre su razón. ¿Qué importaba, en ese instante decisivo, que tú huyeras del combate, si ambos bandos se temían por igual y la balanza aún podía inclinarse hacia cualquiera? ¿Qué necesidad había de seguirte? En un momento en que el mundo entero estaba partido en dos, y él, con su sola figura, sostenía el eje de todo, no debía, no podía, dejar que una urgencia tan baja y personal interrumpiera su poder y manchara su nombre. Fue una vergüenza, una herida más humillante que una derrota abierta, ver cómo abandonaba su puesto, su honor y su deber para correr tras tu estandarte en retirada, como un hombre vencido por sus pasiones, dejando atónita y paralizada a toda su flota, que lo vio, incrédula, entregarse sin lucha. En aquel instante, no solo cayó su autoridad: el ejército entero sintió que había perdido el suelo bajo los pies, y el mundo, que hasta entonces lo había sostenido como su pilar más firme, tembló ante la fragilidad de su juicio.

CLEOPATRA.- Cállate, te lo ruego.

(Aparece Antonio con su embajador Eufronio).

ANTONIO.- ¿Esa es su respuesta?

EMISARIO.- Sí, señor.

ANTONIO.- Que tratará bien a la reina… si ella me entrega.

EMISARIO.- Eso ha dicho.

ANTONIO.- Que se entere: mándale esta cabeza canosa a ese niño llamado César. Él te premiará con títulos y provincias.

CLEOPATRA.- ¿Esa cabeza, mi señor?

ANTONIO.- *(Dirigiéndose a Eufronio)* Vuelve con él. Dile que, al tener la flor de la juventud, el mundo espera algo grande de él. Su oro, sus barcos y sus legiones podrían pertenecer a cualquier cobarde. Los suyos ganarían lo mismo sirviendo a otro joven. Por eso le reto a dejar sus galas imperiales y enfrentarse conmigo, solo, espada contra espada. Voy a escribirlo. Acompáñame.

(Se van Antonio y el Eufronio).

ENOBARBO.- *(Aparte)* ¡Claro, seguro que el triunfante César dejará su trono para actuar en el teatro personal de un espadachín! El juicio de los hombres se dobla con la fortuna, y el exterior arrastra al alma hasta destruirla. Antonio, que ha visto subir y bajar la marea, sueña que César, ahora en su plenitud, atenderá a su vacío. César, ya lo ha vencido incluso en juicio.

(Aparece un Criado).

CRIADO.- Se acerca un mensajero de César.

CLEOPATRA.- ¿Así, sin más ceremonia? Ya ven, mujeres: cuando la rosa se marchita, todos se tapan la nariz, aunque antes la adoraran. Que pase el mensajero.

(Se va el Criado).

ENOBARBO.- *(Aparte)* Mi honor y yo estamos en disputa. Ser leal a los necios es una necedad, pero quien se mantiene fiel a su señor caído vence lo que venció a su amo y gana un lugar en la historia.

(Aparece Tireo).

CLEOPATRA.- Dime, ¿qué es lo que quiere César?

TIREO.- Prefiere hablar contigo a solas.

CLEOPATRA.- Todos aquí son amigos. Puedes hablar con libertad.

TIREO.- Quizás son amigos de Antonio.

ENOBARBO.- Él necesita a todos los amigos que tenga César, o no necesita a ninguno. Si César lo quiere, será amigo de él en un instante. Y nosotros seremos de quien él sea, o sea, de César.

TIREO.- Bien. Entonces, para la insigne reina: César te pide que no pienses más en tu situación, porque él es César.

CLEOPATRA.- Muy majestuoso. Sigue.

TIREO.- Él cree que te uniste a Antonio no por amor, sino por miedo.

CLEOPATRA.- ¡Oh!

TIREO.- Así que las manchas en tu honra él las compadece como heridas obligadas, no merecidas.

CLEOPATRA.- Es un dios. Sabe lo que es verdad. Mi honra no la di; fue completamente conquistada.

ENOBARBO.- *(Aparte)* Para asegurarme, iré a preguntarle a Antonio. Señor, estás hundiéndote, y como tus más fieles ya te abandonan, yo también lo haré.

(Se va Enobarbo).

TIREO.- ¿Quieres que le diga a César lo que deseas? A él le agrada que le rueguen. Se sentiría complacido si buscaras apoyo en su fortuna y le dieras a entender que has abandonado a Antonio para ponerte bajo su amparo.

CLEOPATRA.- Dime, ¿cuál es tu nombre?

TIREO.- Me llamo Tireo.

CLEOPATRA.- Querido emisario, dile al gran César que beso su mano victoriosa, que estoy dispuesta a rendirme a sus pies y postrarme ante él. Que escucharé de su voz omnipotente la suerte que me depare.

TIREO.- Es una decisión noble. Cuando la prudencia se atreve a actuar, la suerte no la puede trastornar. Permíteme rendirte mis respetos.

CLEOPATRA.- El padre de tu César, cuando soñaba con conquistar imperios, solía cubrir esta mano de besos como lluvia.

(Aparecen Antonio y Enobarbo).

ANTONIO.- ¿Y estos favores? Por el Júpiter que truena, ¿tú quién eres?

TIREO.- Yo solo soy un emisario que cumple órdenes del hombre más digno de ser obedecido.

ENOBARBO.- *(Aparte)* Te van a azotar.

ANTONIO.- ¡Que venga alguien! ¡Ah, parásito! ¡Dioses, diablos! Hace poco los reyes acudían cuando los llamaba como niños con ganas de jugar, diciendo "¿Qué deseas?". ¿Es que ahora nadie me oye? ¡Todavía sigo siendo Antonio!

(Aparecen algunos criados).

Llévense a este miserable y denle una paliza.

ENOBARBO.- *(Aparte)* Es más seguro jugar con un cachorro de león que con uno viejo y moribundo.

ANTONIO.- ¡Luna y estrellas! ¡Azótenlo! Aunque fueran veinte de los principales aliados de César, si los viera atreviéndose a tocar esta mano —¿cómo se llama desde que es tuya, Cleopatra?— les haría lo mismo. Que le peguen hasta que se retuerza como un niño y grite pidiendo piedad. ¡Llévenselo!

TIREO.- Marco Antonio…

ANTONIO.- ¡Arrástrenlo! Y luego tráiganlo de vuelta. Este esclavo de César le llevará mi mensaje.

(Se van los criados con Tireo).

Tú ya estabas marchita antes de conocerte. ¿Acaso dejé una cama sin deshacer en Roma, rechacé formar una familia con una mujer honorable, para terminar con alguien que se entrega a cualquier adulador?

CLEOPATRA.- Mi señor…

ANTONIO.- Siempre fuiste voluble, pero cuando nos sumimos en el vicio, los dioses sabios nos ciegan y nos meten en el lodo, nos hacen amar nuestros errores y se ríen mientras nos ven caminar alegres hacia la ruina.

CLEOPATRA.- Pero, ¿cómo puedes decir eso?

ANTONIO.- Eras lo que quedaba en el plato de Julio César; fuiste sobras de Pompeyo; y lo que escogieron tus deseos lascivos en tus horas ardientes no está del todo registrado por el pueblo. Porque, aunque puedas imaginar lo que es la castidad, no la conoces.

CLEOPATRA.- ¿A qué viene todo esto?

ANTONIO.- ¡Permitir que un simple emisario te tome de la mano, ese símbolo real y tesoro de tantos corazones nobles! ¡Ojalá estuviera en el monte Basán para rugir más fuerte que cualquier toro! Tengo razones para estar salvajemente enfurecido, y expresarlo con amabilidad sería como estar en la horca y agradecerle al verdugo por ser rápido.

(Aparece un Criado trayendo Tireo).

¿Le han azotado?

CRIADO.- Sí, señor, y bien azotado.

ANTONIO.- ¿Gritó, pidió clemencia?

CRIADO.- Sí, señor.

ANTONIO.- Si aún vive su padre, que se consuma en la vergüenza por no haber tenido una hija en su lugar, alguien que al menos habría nacido para la sumisión que tú demuestras. Y tú, mírate bien: lamenta cada paso que diste detrás de César, porque esas huellas solo te han llevado a los azotes que llevas en la piel como marcas de tu servidumbre. Desde hoy, que hasta la caricia más leve de una mano blanca de mujer te queme como la fiebre, para que no olvides nunca lo que eres. Vuelve, corre con la cola entre las piernas, regresa con César y dile lo que viste, cómo te recibí. Cuéntale mi furia, cuéntale que me irrita su insolencia y su frialdad gélida, que le recuerde —si aún le queda memoria— lo que soy, aunque en sus ojos ya no exista más que el eco de lo que fui. Estoy encendido de ira, y ahora que mi estrella ha caído de su órbita y se precipita hecha fuego a los infiernos, todo en mí arde con ella. Y si sus oídos se enardecen al oír lo que he dicho y lo que he hecho, que descargue su cólera contra quien quiera: que tome a mi liberto Hiparco, que lo azote, lo cuelgue o lo atormente, que haga de él su víctima y su desahogo. ¡Así podrá vengarse como un tirano satisfecho! ¡Y tú, fuera de mi vista! ¡Vete ya, y llévate contigo esas cicatrices que no son más que el reflejo de tu servilismo! No manches más este suelo con tu sombra.

(Se va Tireo).

CLEOPATRA.- ¿Ya has terminado?

ANTONIO.- Ah, nuestra luna en la Tierra está eclipsada. Solo anuncia la caída de Antonio.

CLEOPATRA.- Entonces esperaré.

ANTONIO.- ¿Y por congraciarte con César te dejas seducir por quien le abrocha el cinturón?

CLEOPATRA.- ¿Todavía no me conoces?

ANTONIO.- ¿Así de fría conmigo?

CLEOPATRA.- Mi amor, si yo fuera capaz de algo tan vil, que el cielo, en un solo acto de justicia terrible, abra sus nubes y descargue sobre mi alma un granizo de veneno ardiente; que el primer bloque de hielo me atraviese el pecho y me derrita con una muerte fulminante; que el segundo caiga sobre Cesarión, y lo arranque de este mundo sin compasión; y que, tras él, uno por uno, cada pedazo de hielo golpee hasta que no quede vida en todo lo que he engendrado. Que cada noble egipcio que me sigue, cada leal que aún me honra, sea abatido bajo esa tormenta funesta, y que sus cuerpos caigan, inertes, sobre la tierra que juraron proteger. Y que esa misma tierra, mancillada, quede cubierta por enjambres de mosquitos del Nilo, devorando su carne hasta enterrarlos en olvido.

ANTONIO.- Me has convencido. César ya ha acampado en Alejandría, y he decidido enfrentarme a él y a su destino allí mismo, donde el mundo nos mira. Nuestras tropas de tierra permanecen firmes, implacables como murallas, y nuestra armada, que estuvo dispersa y herida, ahora se ha reagrupado y avanza con renovada furia, amenazando con devolver golpe por golpe. ¿Dónde estabas, amor mío? ¿Acaso me escuchas, mujer? Tu silencio pesa como un presagio, pero aun así te hablo, porque mi alma necesita que oigas cada palabra. Si regreso una vez más del combate para besarte, volveré cubierto de sangre, y ese beso será el sello de una victoria ganada con acero y fuego. Mi espada y yo escribiremos historia en estas tierras, y que los dioses lo sepan: no pienso caer sin antes teñir el campo con el recuerdo de mi nombre. Todavía creo que hay esperanza, y mientras esa chispa arda, lucharé hasta que el sol de Egipto se alce sobre un nuevo amanecer.

CLEOPATRA.- ¡Bravo, mi señor!

ANTONIO.- Lucharé con el triple de fuerza, valor y energía. Antes, cuando vivía en la alegría, repartía recompensas sin pedir nada. Ahora me planto, y a quien se cruce conmigo, lo mando a la tumba. ¡Vamos, que venga otra noche de fiesta! Llamen a mis capitanes. Que corra el vino. No respetaremos el toque de queda.

CLEOPATRA.- Hoy cumplo años. Pensaba celebrarlo con humildad, pero si mi señor vuelve a ser Antonio, entonces yo volveré a ser Cleopatra.

ANTONIO.- Vamos. Todo irá bien.

CLEOPATRA.- ¡Llamen a los nobles capitanes!

ANTONIO.- Sí, hablaré con ellos. Esta noche voy a sacarles el vino por las cicatrices. Ven, reina mía. Aún me queda algo de vida. En mi próxima batalla, la muerte se va a enamorar de mí, porque seré como su guadaña en tiempos de peste.

(Se van todos menos Enobarbo).

ENOBARBO.- Quiere pelearle al rayo. Estar furioso es perder el miedo, y así hasta la paloma se atreve a luchar con el halcón. Siempre que a mi capitán se le va el juicio, le aumenta el valor. Si el coraje se alimenta del juicio, se devora el arma con la que lucha. Buscaré la forma de dejarlo.

(Se va).

Acto IV

Escena I

En Alejandría, en el campamento de César.
Aparecen César leyendo una carta, Agripa
y Mecenas con su ejército.

CÉSAR.- Me llama muchacho y se atreve a criticarme
como si tuviera el poder de echarme de Egipto.
Ha golpeado a mi emisario y me desafía a un
duelo: César contra Antonio. Que sepa ese viejo
matón que tengo muchas formas de acabar con él;
mientras tanto, me río de su reto.

MECENAS.- No hay duda, César: cuando un grande se
enfurece así, es porque se ve acorralado y próximo
al final. No le des respiro, aprovecha su desesperación. La ira nunca supo controlarse.

CÉSAR.- Avisen a los comandantes principales que
mañana se librará la última de las batallas. Hay
en nuestras filas soldados que hace poco estaban
con Antonio, suficientes como para capturarlo.
Que lo hagan, y como recompensa, un festín para
la tropa: estamos bien abastecidos y lo merecen.
Pobre Antonio...

(Se van).

Escena II

En Alejandría, en el palacio de Cleopatra.
**Aparecen Antonio, Cleopatra, Enobarbo,
Charmian, Iras, Alexas y otros.**

Antonio.- ¿No quiere pelear conmigo?

Enobarbo.- No.

Antonio.- Pero, ¿por qué no?

Enobarbo.- Piensa que tiene veinte veces más posibilidades de ganar, sin exponerse a un uno contra uno.

Antonio.- Entonces mañana pelearé por mar y tierra. Viviré, o entre la sangre reviviré mi honor moribundo. ¿Tú lucharás con valentía?

Enobarbo.- Claro que sí, señor. Gritaré: "¡Todo o nada!".

Antonio.- ¡Eso es! ¡Vamos! ¡Llamen a mis sirvientes!

(Aparecen tres o cuatro sirvientes).

Dame la mano. Has sido un hombre honrado. Y tú, y tú, y tú también. Todos me han servido muy bien. A mí, que fui servido por reyes.

CLEOPATRA.- *(Aparte a Enobarbo)* ¿Qué significa todo esto?

ENOBARBO.- *(Aparte a Cleopatra)* Uno de esos arrebatos que el dolor arranca del alma.

ANTONIO.- Tú también has sido leal. Ojalá pudiera dividirme en tantos como ustedes, y que ustedes, unidos, fueran un solo Antonio, para poder servirles como ustedes me han servido.

TODOS.- ¡Que los dioses no lo permitan!

ANTONIO.- Bueno, amigos, acompáñenme esta noche. No me escatimen el vino, traten conmigo como si aún tuviera un imperio a mis pies.

CLEOPATRA.- *(Aparte a Enobarbo)* Pero, ¿a qué viene todo esto?

ENOBARBO.- *(Aparte a Cleopatra)* Quiere hacer llorar a sus sirvientes.

ANTONIO.- Solo les pido que me atiendan esta noche, una única noche más. Quizá sea la última vez que sus manos me sirvan, la última ocasión en que sus ojos me vean como su señor y no como un recuerdo. Tal vez mañana ya no estén a mi lado, tal vez me contemplen solo como la sombra de un hombre que alguna vez fue, o tal vez se encuentren sirviendo a otro, como dicta el giro implacable de la fortuna. Por eso los miro ahora con la intensidad de quien se despide, aunque aún no pronuncie esa palabra. No los estoy despidiendo, no; todavía me quedo, todavía me aferro, y en ese aferrarme les muestro mi gratitud. Soy un amo agradecido, uno que permanece con los suyos hasta el último aliento. Solo les pido esta noche, nada más que dos horas de su lealtad, y que los dioses —si aún hay alguno que escuche— se lo paguen con creces. Si el destino me niega el alba, al menos quiero saber que partí rodeado de quienes me fueron fieles.

ENOBARBO.- Señor, ¿para qué entristecerlos así? Míralos, ya están llorando. Y yo también, como un tonto. ¡Qué vergüenza! ¡Nos convierte en mujeres!

ANTONIO.- ¡Bah, bah! Que me embrujen si ese era mi propósito. ¡Que crezca hierba donde caigan esas lágrimas! Mis palabras querían dar alegría, no tristeza. ¡Luces encendidas esta noche, amigos! Mañana espero salir con gloria, y los llevaré a donde no me espere una muerte honrosa, sino una vida victoriosa. ¡Vamos, a cenar, y ahoguemos las penas!

(Se van).

Escena III

En el mismo lugar en Alejandría, delante del palacio de Cleopatra.

Aparecen algunos Soldados.

Soldado 1.- Hermano, buenas noches. Mañana es el gran día.

Soldado 2.- Así es, el día decisivo. Que nos acompañe la suerte. ¿No oíste nada raro por las calles?

Soldado 1.- Nada. ¿Tú sí?

Soldado 2.- Tal vez fue solo un rumor. Buenas noches.

Soldado 1.- Igualmente, que descanses.

(Aparecen más soldados).

Soldado 2.- Buena guardia, compañeros.

Soldado 3.- Igualmente. Buenas noches, buenas noches.

(Los soldados se dispersan y se acomodan en sus puestos).

Soldado 2.- Nos quedamos aquí. Si mañana ganamos en el mar, los de tierra sabrán imponerse.

SOLDADO 1.- Es una buena tropa, y con coraje.

(Se oye música de oboes bajo tierra).

SOLDADO 2.- ¡Shh! ¿Oyen eso?

SOLDADO 1.- Escucha…

SOLDADO 2.- ¿Lo oyes?

SOLDADO 1.- Música, en el aire.

SOLDADO 3.- No, más bien debajo de la tierra.

SOLDADO 4.- ¿Será una buena señal?

SOLDADO 3.- No lo sé, no lo creo.

SOLDADO 1.- ¡Silencio! ¿Qué puede significar?

SOLDADO 2.- Que el dios Hércules, protector de Antonio, lo abandona.

SOLDADO 1.- Vamos, a ver si los otros centinelas también lo oyeron.

SOLDADO 2.- Amigos, ¿qué hay?

(Se reúnen y conversan).

TODOS.- ¿Qué pasa, lo oyeron?

SOLDADO 1.- Sí. Es asombroso, ¿no?

SOLDADO 3.- ¿Lo oyeron también? ¿Lo están escuchando?

SOLDADO 1.- Sigamos el sonido hasta donde nos lo permita el puesto. Veamos adónde nos lleva.

TODOS.- De acuerdo. Es increíble.

(Se van).

ESCENA IV

En Alejandría, una habitación en el palacio de Cleopatra.

Aparecen Antonio y Cleopatra con Charmian y acompañamiento.

ANTONIO.- ¡Eros! ¡Mi armadura, Eros!

CLEOPATRA.- Duerme y descansa un poco.

ANTONIO.- No, amor. ¡Eros! ¡Mi armadura, Eros!

(Aparece Eros con la armadura).

Vamos, amigo, ayúdame a ponerme este hierro. Si hoy perdemos, que sea por haber arriesgado todo. ¡Vamos!

CLEOPATRA.- Voy a ayudarte. ¿Esto va aquí?

ANTONIO.- ¡No, déjalo, déjalo! Tú ya me armas el corazón. Así no; así... así sí.

CLEOPATRA.- Bueno, entonces lo hago yo. Tiene que ser así.

ANTONIO.- Perfecto. Con eso, seguro ganamos. ¿Ves, amigo? Ve a ponerte tu armadura.

EROS.- Enseguida, señor.

CLEOPATRA.- ¿No quedó un poco flojo?

ANTONIO.- Está perfecto. Y que se prepare quien intente quitármela antes de que yo decida descansar. Eros, estás algo torpe hoy... Mi reina es mejor escudera que tú. ¡Vamos! —Ay, amor, si pudieras verme en batalla y supieras lo que implica ese trabajo real, verías a un buen obrero en acción.

(Aparece un Soldado armado).

¡Buenos días! ¡Bienvenido! Solo con verte ya sé que estás listo. Nos levantamos temprano cuando nos gusta lo que hacemos.

SOLDADO.- Señor, aunque el día apenas comienza, ya hay miles de soldados en las puertas, todos están armados.

(Se oyen vítores. Suenan trompetas y clarines. Entran Capitanes y Soldados).

CAPITÁN.- Una hermosa mañana. Buenos días, general.

TODOS.- Buenos días, general.

ANTONIO.- Ha amanecido bien, muchachos. La mañana empieza temprano, como el corazón del joven que busca la gloria. Muy bien, dame eso. Así, perfecto. —Adiós, mi reina. Pase lo que pase hoy, este es el beso de un soldado. Sería una vergüenza quedarnos en formalidades. Ahora soy de acero. Los que estén listos para pelear, síganme. Yo los guiaré. ¡Adiós!

(Se van todos menos Cleopatra y Charmian).

CHARMIAN.- ¿Te gustaría retirarte a tu habitación?

CLEOPATRA.- Ven conmigo. Va con decisión. ¡Ojalá todo se resolviera en un combate cara a cara entre César y él! Entonces Antonio... Pero ahora... ¡vamos!

(Se van).

Escena V

En Alejandría, en el campamento de César.
**Se escuchan trompetas y clarines.
Aparecen Antonio, Eros y un Soldado
encontrándose con ellos.**

SOLDADO.- ¡Que los dioses den hoy la victoria a Antonio!

ANTONIO.- ¡Ojalá tú y tus cicatrices me hubieran convencido de pelear por tierra!

SOLDADO.- Si lo hubieras hecho, ni los reyes traidores ni el que desertó hoy te habrían abandonado.

ANTONIO.- ¿Quién fue el que desertó esta mañana?

SOLDADO.- Uno que siempre estuvo a tu lado. Llama a Enobarbo: no responderá o, desde el campamento de César, dirá: "Ya no soy de los tuyos."

ANTONIO.- ¿Me estás diciendo que...?

SOLDADO.- Está con César, señor.

EROS.- No se llevó sus baúles ni sus tesoros, señor.

ANTONIO.- ¿Se ha ido?

SOLDADO.- Sin duda.

ANTONIO.- Eros, mándale todos sus bienes. Vamos, que no se quede con nada de nosotros. Dale —lo firmaré yo mismo— mis mejores deseos. Dile que espero que no tenga razones para arrepentirse de cambiar de amo. ¡Ay, mi suerte ha corrompido hasta a los más nobles! Corre. ¡Enobarbo!

(Se van).

Escena VI

En Alejandría, en el campamento de César.
Se escuchan trompetas y clarines.
Aparecen César, Agripa con Enobarbo y otros.

CÉSAR.- Adelante, Agripa, inicia el ataque. Quiero que atrapen a Antonio con vida. Hazlo saber.

AGRIPA.- Así será, César.

(Se va).

CÉSAR.- Se acerca el momento de la paz para el mundo entero. Si el día nos favorece, las tres partes del mundo se llenarán de ramas de olivo.

(Aparece un Mensajero).

MENSAJERO.- Antonio ha llegado al campo.

CÉSAR.- Dile a Agripa que ponga a los desertores al frente de la línea, para que parezca que Antonio descarga su furia sobre los suyos.

(Se van todos menos Enobarbo).

ENOBARBO.- Alexas también desertó. Estaba en Judea por asuntos de Antonio y convenció al gran Herodes de unirse a César. ¿Y cómo le pagó César? Colgándolo. A Canidio y los demás desertores les han dado cargos, pero ninguno de confianza. Yo también traicioné, y lo siento tanto que he perdido toda alegría.

(Aparece un Soldado de César).

SOLDADO.- Enobarbo, Antonio te manda todos tus tesoros... y además un regalo. El mensajero vino a mi puesto y ahora está descargando las mulas en tu tienda.

ENOBARBO.- Te los regalo.

SOLDADO.- No te burles, Enobarbo, es cierto. Deberías acompañar al mensajero hasta más allá de nuestras líneas. Yo lo haría, pero tengo mi deber. Tu emperador sigue siendo todo un Júpiter.

(Se va).

ENOBARBO.- Soy, sin duda, el más miserable del mundo. Estoy convencido de ello, lo siento en cada hueso, en cada latido que parece golpearme desde dentro. ¡Ay, Antonio! Fuente inagotable de nobleza y grandeza, ¿cómo habrías recompensado tú un servicio fiel, si incluso ahora, en tu desgracia, cubres con oro la frente de mi traición? ¡Qué injusticia es la mía, y qué generosidad la tuya! El pecho me duele como si me lo desgarraran. Si no estalla de pena en este instante, entonces habrá otra salida para este tormento... pero creo que la pena misma bastará para quebrarme. ¿Yo? ¿Alzar mi espada contra ti? ¡Jamás! No podría. Antes buscaré la más vil de las zanjas, la más fría y embarrada, y allí me tenderé para morir como un despojo, lejos de todo honor. Esa será mi despedida del mundo: sin gloria, sin lamento, sin más compañía que mi vergüenza.

(Se va).

Escena VII

*En el campo de batalla, en medio de
los dos campamentos.*

**Se escucha el fragor del combate. Tambores
y trompetas. Aparece Agripa con otros.**

Agripa.- ¡Retirada! Nos confiamos demasiado. César está en problemas. El ataque fue más fuerte de lo que esperamos.

(Se van. Suena la batalla. Entran Antonio y Scaro, herido).

Scaro.- ¡Mi buen emperador, eso sí que fue pelear! Si hubiéramos empezado así, los habríamos hecho huir con vendas en la cabeza.

Antonio.- Estás sangrando mucho.

Scaro.- Tenía una herida con forma de "T", y ahora parece una "H".

(Se escuchan las trompetas de retirada a lo lejos).

Antonio.- Se están retirando.

Scaro.- Los perseguiremos hasta los baños si hace falta. Aún tengo sitio para seis cortes más.

(Aparece Eros).

EROS.- Señor, han sido derrotados. Esta ventaja puede darnos una gran victoria.

SCARO.- Vamos a marcarles la espalda y cazarlos como conejos. No hay nada como golpear a un cobarde mientras huye.

ANTONIO.- Tendrás una recompensa por darnos estos ánimos, y diez veces más por ese valor. ¡Ven conmigo!

SCARO.- Te sigo, aunque cojee.

(Se van).

Escena VIII

Debajo de los muros de Alejandría.
Se escuchan clarines y tambores.
**Vuelve a aparecer Antonio, marchando,
con Scaro y otros.**

Antonio.- Los hemos hecho retroceder hasta su campamento. Que alguien vaya a contarle a la reina lo que hemos logrado.

(Se va un Soldado).

Mañana, antes de que despunte el amanecer, pondremos fin a esta guerra y a la sangre que aún queda por derramarse. Con un último esfuerzo, limpiaremos el campo de batalla y cerraremos este capítulo con honor. Les doy las gracias, no solo por haber luchado con tanto valor, sino por haber hecho suya mi causa, por convertir en propio mi destino y cargarlo sobre sus hombros como si fuera de ustedes. Han combatido como verdaderos Héctores, con el corazón de leones y la firmeza de héroes. Ahora, entren en la ciudad. Busquen los brazos de sus esposas, los rostros de sus hijos, los amigos que han esperado su regreso con temor y esperanza. Cuéntenles sus hazañas, dejen que ellos sean los testigos de su gloria. Permitan que las lágrimas de alegría les laven la sangre seca del combate, que los besos de quienes aman sanen con ternura las heridas honorables que hoy llevan como trofeos. Esta noche es suya: disfrútenla, porque mañana el sol se alzará sobre un nuevo destino.

(Aparece Cleopatra).

(Dirigiéndose a Scaro) Dame la mano. Le contaré a esta gran hechicera tus proezas y que te bendiga cuando te dé las gracias.

(Dirigiéndose a Cleopatra) ¡Luz del mundo, abrázame, aunque aún lleve la armadura! Tal como estás, salta directo a mi corazón, atraviesa esta coraza y cabalga mis latidos de victoria.

CLEOPATRA.- ¡Señor de los señores! ¡Valentía sin fin! ¿Regresas triunfante y sonriente de la trampa más peligrosa del mundo?

ANTONIO.- Mi ruiseñor, los empujamos hasta sus camas. Aunque las canas ya asomen entre mis cabellos castaños, mi mente sigue viva y mi cuerpo aún tiene fuerza para rivalizar con los jóvenes. Mira a este hombre. Entrégale tu dulce mano a sus labios. —Bésala, guerrero. Hoy ha luchado como si un dios enemigo del mundo se hubiera encarnado en él para destruirlo.

CLEOPATRA.- Amigo, te daré una armadura de oro. Perteneció a un rey.

ANTONIO.- Y bien que la merece, aunque viniera engalanada como el carro radiante de Febo, surcando el cielo en todo su esplendor. Dame tu mano. Caminemos juntos, y que Alejandría vea nuestro paso firme, orgulloso, mientras nuestros escudos abollados relucen como medallas de honor. Que la ciudad contemple sin pudor nuestras marcas de batalla, porque son la prueba viva de que hemos sobrevivido y vencido a la adversidad. Si pudiéramos, acamparíamos a todo el ejército dentro del palacio mismo, llenando sus pasillos con el clamor de los soldados. Cenaríamos en largas mesas, hombro con hombro, compartiendo pan y vino, contando las viejas historias de guerra y brindando por lo que nos depare el día que viene, un día que promete ser real, majestuoso y, sí, peligrosamente glorioso.

¡Que los clarines, con su bronce ardiente, ensordezcan la ciudad hasta que no quede silencio alguno! ¡Que los tambores hagan temblar las piedras de las calles, y que su eco se funda con el rugido del cielo y la tierra hasta que Alejandría entera resuene con nuestra llegada! Que esta noche la ciudad sepa que aún respiramos, que aún peleamos, y que mañana, pase lo que pase, lo haremos con la frente en alto.

(Se van).

Escena IX

En el campamento de César.
Aparecen centinelas en sus puestos.

Centinela 1º.- Si no llega el relevo en una hora, volveremos al cuartel. La noche está clara, debemos estar listos para el combate a las dos.

Centinela 2º.- Ayer fue un día muy duro.

(Aparece Enobarbo).

Enobarbo.- ¡Oh noche, sé testigo...!

Centinela 3º.- ¿Quién es ese hombre?

Centinela 2º.- Escóndete y vamos a escuchar.

Enobarbo.- Sé testigo, ¡oh luna bendita!, de que cuando los libros de historia condenen a los traidores, tú recordarás que el pobre Enobarbo se arrepintió ante ti.

Centinela 1º.- ¿Enobarbo?

Centinela 3º.- ¡Silencio! Escucha.

Enobarbo.- Oh reina de la profunda melancolía, cúbreme con las neblinas enfermizas de la noche, para que la vida, que no deseo, no se aferre a mí.

Haz que mi corazón choque contra la roca de mi culpa, que ya está seco de tanto dolor. Que se haga polvo, y con él se vayan mis pensamientos indignos. ¡Antonio, mucho más noble que mi traición! Perdóname, y que el mundo me recuerde como el sirviente que te abandonó. ¡Antonio! ¡Antonio!

(Se desploma).

CENTINELA 2º.- Vamos a hablar con él.

CENTINELA 1º.- Debemos oír y prestar atención, quizás lo que diga concierna a César.

CENTINELA 3º.- Sí, pero parece que se quedó dormido.

CENTINELA 1º.- O está inconsciente. Su oración no era de alguien quien que busca dormir.

CENTINELA 2º.- Vamos a acercarnos un poco.

CENTINELA 3º.- Despierte, señor; despiértese. Hable con nosotros.

CENTINELA 2º.- ¿Nos escuchas?

CENTINELA 1º.- La muerte lo tiene cogido por las manos.

(Se escuchan tambores a lo lejos).

¿Lo oyen? Hasta los tambores saben ser discretos para no despertar al que duerme. Vamos a llevarlo al cuartel. Es un hombre importante, y nuestro turno aquí ya ha terminado.

CENTINELA 3º.- Vamos. Puede que aún reaccione.

(Se van).

ESCENA X

En el campo de batalla,
en medio de los campamentos.

Aparecen Antonio y Scaro
con el resto del ejército.

ANTONIO.- Hoy se preparan para el mar, ya que por tierra no se atreven.

SCARO.- Ni por mar, señor.

ANTONIO.- Ojalá pelearan en el fuego o en el aire, porque ahí también pelearíamos nosotros. Pero esto es lo que hay: nuestra infantería, en las colinas junto a la ciudad, se quedará con nosotros. Ya se ha dado la orden para el combate naval y han salido del puerto... Avancemos, hacia donde están desplegados. Desde lo alto vamos a observar su resistencia y su valor en la lucha.

(Se van).

Escena XI

En otra parte del campo de batalla.

Aparecen Antonio y Scaro con su ejército.

Y también aparece César con su ejército.

César.- Pero si nos atacan, nos mantendremos firmes en tierra, y, según entiendo, así será; porque sus mejores tropas han salido a tripular sus barcos. Vayamos a los valles y conservemos nuestra mejor ventaja.

(Salen).

Escena XII

En otra parte del campo de batalla.
Aparecen Antonio y Scaro.

ANTONIO-. Aún no han chocado. Voy a observarlo todo desde ese pino. Enseguida regreso para informarles cómo está yendo la batalla.

(Se va).

SCARO.- Las golondrinas han hecho nido en las naves de Cleopatra. Los augures están perplejos y cabizbajos. No se atreven a decir nada. Antonio está animado, pero también desmoralizado, y su suerte, tan inestable, le da miedo y esperanza a la vez.

(Se escucha el fulgor de la batalla naval.

Aparece de nuevo Antonio).

ANTONIO.- ¡Todo está perdido! Esta sucia egipcia me ha traicionado otra vez. Mi flota se ha entregado al enemigo y allí los veo, tiran sus gorras al aire y brindan juntos como si fueran viejos amigos que se reencuentran. ¡Traición! ¡Ramera de mil disfraces! Me vendiste a este novato, y ahora mi espada y mi corazón solo tienen un enemigo con quien librar una batalla: tú ¡Diles a todos que huyan! Si logro vengarme de este hechizo, todo habrá valido la pena. ¡Diles que huyan! ¡Que corran!

(Se va Scaro).

¡Ah, sol eterno! Nunca más contemplaré tu ascenso majestuoso ni sentiré en mi rostro el calor de tu luz. Aquí, en este instante, mi fortuna y yo nos decimos adiós; aquí nos damos la mano por última vez, como viejos amigos que se separan para siempre. ¡Qué final tan amargo! ¿Todo lo vivido, todo lo conquistado, todo lo que fui... para llegar a esto? Los corazones que antes latían con fervor por mí, aquellos que me seguían sin sombra de duda, a quienes nunca les negué nada y a quienes colmé de favores, ahora se derriten como terrones de azúcar en la lengua de la traición. ¡Se relamen, complacidos, ante el brillo engañoso de César, como perros que cambian de amo por un hueso más jugoso! Y yo, que fui el gran árbol bajo cuya sombra hallaban refugio, ese tronco poderoso que se alzaba por encima de todos, he sido despojado de mi corteza. ¡Me han dejado desnudo, herido, expuesto! ¡Qué vil traición! ¡Qué falso espíritu egipcio me ha vendido con su hechizo seductor! Esta mujer, este cruel y fascinante encantamiento que llamé amor... Sus ojos, que en otro tiempo invocaban mis guerras y también tenían el poder de desarmarlas, me han guiado a esta caída. Su pecho, que fue mi corona, mi ambición más alta, mi mundo entero, hoy es la cadena que me arrastra a la ruina. Me atrapó como una gitana astuta, leyendo la suerte en mis manos y jugando con ella hasta dejarme sin nada. ¡Eros, Eros! ¡Eros!

(Aparece Cleopatra).

¡Atrás! ¡Aléjate hechicera!

CLEOPATRA.- ¿Por qué mi señor está tan rabioso con su amor?

ANTONIO.- ¡Fuera de aquí, o te doy lo que mereces y arruino el espectáculo de César! ¡Que te exhiba ante el gentío, como castigo público! Síguelo en su carro, como la gran vergüenza de tu sexo; que te muestren como un monstruo para divertir a la muchedumbre, y que Octavia te arañe el rostro con sus uñas afiladas.

(Se va Cleopatra)

Menos mal que te fuiste... si vivir aún no es un castigo insoportable, y si la vida todavía guarda algún valor para mí. Pero, en verdad, hubiera sido mucho mejor que cayeras bajo mi furia y mi mano implacable. Una sola muerte, la tuya, habría podido evitar la sangre derramada de tantas otras. ¡Eros, escucha mi clamor! Llevo puesta la túnica de Neso, símbolo de mi furia y desesperación. ¡Muéstrame tu ira, Alcides, mi ancestro glorioso y feroz! Que la fuerza que corre por mis venas se desate sin medida. Colgaré a Licas de los cachos de la luna misma, y con estas manos, que han blandido el garrote más pesado en mil batallas, destruiré lo que queda de mí, la mejor parte de mi alma y mi espíritu. ¡La bruja morirá por su traición! Ella, que me entregó como un simple objeto a ese mocoso romano sin valor, me tendió su trampa venenosa, y caí en ella como un ingenuo. Pero esta vez, ¡morirá por ello! Que sepa que mi furia no conoce límites. ¡Eros, guía mi mano y enciende en mí la llama de la venganza! ¡Eros!

(Se va).

Escena XIII

En Alejandría, en el palacio de Cleopatra.

Aparecen Cleopatra, Charmian, Iras y Mardione.

Cleopatra.- ¡Mis mujeres, ayúdenme! Está más furioso que Telamón por su escudo. Ni el jabalí de Tesalia estaba así de rabioso.

Charmian.- ¡Vete al mausoleo! Enciérrate y mándale decir que has muerto. Morir y perder la grandeza son penas igualmente desgarradoras.

Cleopatra.- ¡Al mausoleo! Mardione, ve a decirle que me quité la vida, que lo último que pronuncié fue su nombre, «Antonio», y con un tono lastimero. Corre, Mardione, y dime cómo reacciona. ¡Vamos, al mausoleo!

(Se van).

ESCENA XIV

En otra habitación del palacio de Cleopatra.
Aparecen Antonio y Eros.

ANTONIO.- Eros, ¿todavía me ves?

EROS.- Sí, mi señor.

ANTONIO.- A veces vemos una nube que parece un dragón, o un vapor que toma forma de león o de oso, de castillo con torres, de acantilado colgante, de montaña recortada, o de un promontorio azul con árboles inclinados ante el mundo, que engañan nuestra vista con sus formas. Tú también lo has visto, son imágenes negras de los últimos momentos del día.

EROS.- Sí, mi señor.

ANTONIO.- Y si ahora parece un caballo, al instante siguiente la nube se dispersa y se confunde, como el agua cuando se mezcla con más agua.

EROS.- Así es, señor.

ANTONIO.- Buen Eros, muchacho... tu capitán es ahora como esa nube. Todavía soy Antonio, pero ya no puedo conservar una forma clara. Fui a la guerra por Cleopatra, creyendo que tenía su corazón como ella tenía el mío, y que ese amor, cuando era mío, podía ganarse a un millón más... pero todos ya se han perdido. Cleopatra, Eros, ahora juega sus cartas con César y usa mi gloria para adornar su victoria. No llores, buen Eros. Me queda al menos el derecho de darme muerte a mí mismo.

(Aparece Mardione).

¡Ah, tu vil señora! ¡Me ha desarmado!

MARDIONE.- No, Antonio. Ella te amaba, y siempre quiso compartir tu destino.

ANTONIO.- ¡Fuera, eunuco insolente! ¡Calla! Me ha traicionado. Y por eso va a morir.

MARDIONE.- Todos tenemos una sola muerte que pagar, y ella ya la ha pagado. Hizo lo que tú pretendías hacer. Lo último que dijo fue: «¡Antonio! ¡Nobilísimo Antonio!». Y ese grito destrozó tu nombre entre su corazón y sus labios. Murió pronunciándote, y tu nombre quedó sepultado con ella.

ANTONIO.- ¿Está muerta, dices?

MARDIONE.- Muerta.

ANTONIO.- Eros, quítame la coraza. El trabajo del día ha terminado, ahora nos toca dormir. Con estar vivo, ya has cumplido. Vete.

(Se va Mardione).

¡Vamos, quítamela! Ni el escudo de siete pieles de Áyax podría proteger mi corazón de un golpe como este. ¡Pecho, rómpete! Corazón, ¡sé más fuerte que el pecho que te contiene y revienta! Eros, rápido. Ya no soy un soldado. Adiós, maltrecha armadura, te llevé con orgullo. Déjame solo un momento.

(Se va Eros).

Voy contigo, Cleopatra. Voy a pedirte perdón. Tiene que ser así, porque ya esperar más es tormento. Ya se apagó la luz. Detente y no sigas. Todo esfuerzo fracasa, hasta la fuerza se enreda en su afán. Punto final. —¡Eros! Ya voy, mi reina. ¡Eros! ¡Espérame! Donde las almas descansan entre flores, iremos juntos de la mano, y los espíritus nos observarán. Dido y Eneas quedarán eclipsados, y toda la corte será nuestra. ¡Eros! ¡Eros!

(Aparece de nuevo Eros).

EROS.- ¿Qué desea mi señor?

ANTONIO.- Desde la muerte de Cleopatra, vivo con tal deshonra que hasta los dioses detestan mi caída. Yo, que con mi espada dividí el mundo, que sobre el lomo verde de Neptuno levanté ciudades flotantes, ahora no tengo ni el valor de una mujer, ni la nobleza de la que, con su muerte, le dijo a César: «Yo decido mi destino». Me juraste, Eros, que si llegaba el momento —y ya llegó— en que viera venir hacia mí la infamia y la desgracia sin escapatoria, me matarías por orden mía. Ese momento ha llegado. Hazlo. No me estás hiriendo a mí, sino derrotando a César. Vamos, ponte firme.

Eros.- ¡Por los dioses! ¿Voy a hacer lo que ni las flechas de los partos, esos enemigos nuestros, lograron por error?

Antonio.- ¿Prefieres entonces verme desde una ventana en Roma, atado, con la cabeza agachada, el rostro marcado por la vergüenza, mientras delante de mí pasa triunfante el carro de César, dejando claro mi sometimiento?

Eros.- ¡No! Por supuesto que no quiero ver eso.

Antonio.- Entonces ven. Solo una herida. Saca tu espada, esa que tanta gloria dio a tu patria.

Eros.- ¡Perdóname, señor! Cuando te liberé, me juraste que lo harías tú mismo. Hazlo ahora o todo lo que hiciste antes será un accidente sin sentido. ¡Saca la espada y ven!

Antonio.- Hazlo ya.

Eros.- Déjame al menos ver una vez más ese rostro noble, el que el mundo entero ha venerado.

Antonio.- Muy bien.

Eros.- Ya he desenvainado.

Antonio.- Entonces haz lo que te hizo desenvainar.

Eros.- Amo querido, mi capitán, emperador... déjame despedirme antes de este golpe sangriento.

Antonio.- Despedido estás.

Eros.- Adiós, gran señor. ¿Lo hago ya?

Antonio.- Sí, Eros.

Eros.- Entonces… ¡hecho!

(Se clava la espada a sí mismo).

Así me libro del dolor de matar a Antonio.

Antonio.- ¡Tres veces más noble que yo! Valiente Eros, me has enseñado lo que yo debía hacer, y tú no pudiste. Mi reina, y Eros con su ejemplo valiente, me superan en el libro del honor. Pero yo también seré esposo de mi muerte, correré a ella como a un lecho de amor. Vamos, Eros. Tu maestro muere como tu discípulo. Esto… (*Se lanza sobre su espada*)…me lo enseñaste tú. ¿Qué pasa? ¿No muero? ¿No muero? ¡Guardia! ¡Acaben conmigo!

(Aparecen Soldados de la guardia y Dercetas).

Soldado 1°.- ¿Qué fue ese ruido?

Antonio.- Amigos… no lo hice bien. ¡Terminen ustedes conmigo!

Soldado 2°.- Ha caído una estrella.

Soldado 1°.- Y con ella, el tiempo.

Todos.- ¡Llanto y dolor!

Antonio.- Quien me ame, que me mate.

Soldado 1°.-¡Yo no!

SOLDADO 2°.- ¡Ni yo!

SOLDADO 3°.- ¡Ni nadie!

(Se van todos menos Dercetas).

DERCETAS.- Su muerte y su desgracia los asustan. Si llevo a César su espada y esta noticia, entraré a su servicio.

(Aparece Diomedes).

DIOMEDES.- ¿Dónde está Antonio?

DERCETAS.- Ahí, Diomedes, ahí.

DIOMEDES.- ¿Está vivo? ¿Por qué no me respondes?

(Aparece Dercetas con la espada de Antonio).

ANTONIO.- ¿Eres tú, Diomedes? Desenvaina tu espada y mándame con los muertos.

DIOMEDES.- Mi gran señor. Cleopatra me envía a ti.

ANTONIO.- ¿Ahora te ha enviado?

DIOMEDES.- Sí, señor.

ANTONIO.- ¿Dónde está?

DIOMEDES.- Encerrada en el mausoleo. Imaginó lo que iba a pasar, porque cuando vio que sin razón creías que conspiraba con César y que tu furia era imparable, fingió su muerte. Pero, al temer las consecuencias, me mandó a decirte la verdad. Me temo que he llegado demasiado tarde.

ANTONIO.- Demasiado tarde, Diomedes. Llama a mi guardia.

DIOMEDES.- ¡Guardia del emperador! ¡Aquí la guardia! ¡Llamen a su jefe!

(Aparecen cuatro o cinco Soldados de la guardia de Antonio).

ANTONIO.- Amigos, llévenme con Cleopatra. Es el último favor que les pido.

SOLDADO 1°.- ¡Ay, señor! No sobrevivirás ni a tus fieles servidores.

TODOS.- ¡Qué día de dolor!

ANTONIO.- Buenos amigos, no alimenten la desgracia con lágrimas. Si aceptamos lo que viene con serenidad, castigamos el castigo. Levanten este cuerpo. Muchas veces los he conducido; ahora, llévenme ustedes a mí. Y gracias.

(Se van, llevándolo).

Escena XV

En el mismo palacio, en un monumento.

Desde arriba del escenario aparecen Cleopatra acompañada de sus doncellas, con Charmian e Iras.

CLEOPATRA.- ¡Charmian, no voy a salir de aquí nunca más!

CHARMIAN.- Debe llenarse de valor, señora.

CLEOPATRA.- No, no quiero. Bienvenidos los horrores y los portentos; al consuelo, lo desprecio. Mi dolor, del tamaño de su causa, es tan vasto como lo que lo provoca.

(Aparece Diomedes desde abajo del escenario).

¿Qué pasa? ¿Ha muerto?

DIOMEDES.- La muerte lo ronda, pero aún respira. Mire al otro lado del mausoleo: su guardia lo ha traído hasta aquí.

(Aparece Antonio y su guardia, abajo).

CLEOPATRA.- ¡Ah, sol, que arda la esfera por donde viajas! ¡Que la Tierra quede en sombras para siempre! ¡Antonio, Antonio! ¡Charmian, ayúdame! ¡Ayuda, Iras! ¡Ayúdenme los que están abajo! ¡Vamos a subirlo hasta aquí!

ANTONIO.- Silencio. El valor de César no ha vencido a Antonio; el valor de Antonio ha vencido a Antonio.

CLEOPATRA.- Así debía ser. Nadie, excepto Antonio, puede derrotar a Antonio. Pero ¡qué pena tan grande!

ANTONIO.- Estoy muriendo, reina… Solo le pido a la muerte que me espere lo justo para estampar mil besos más sobre tus labios.

CLEOPATRA.- No me atrevo, amor. Perdóname, Antonio, no me atrevo, no vaya a ser que me capturen. No seré el trofeo en el desfile triunfal del radiante César. Si un puñal, un veneno o una serpiente pueden herirme, matarme o surtir efecto, estaré a salvo. Tu esposa, Octavia, de ojos recatados y voz callada, no tendrá el privilegio de mirarme desde su virtud. Pero ven, Antonio. — ¡Ayúdenme, mujeres! Tenemos que subirlo. ¡Ayuden, amigos!

ANTONIO.- ¡Rápido! ¡Estoy muriendo!

CLEOPATRA.- ¡Qué faena tan difícil! ¡Y cuánto pesa mi señor! Mi fuerza se ha ido en mi llanto, y me pesa más. Si tuviera el poder de Juno, Mercurio con sus alas te llevaría hasta el cielo, al lado de Júpiter. Un poco más. Desear no basta. Vamos, vamos.

(Lo suben hasta el mausoleo).

¡Ah, por fin conmigo! Muere si quieres, pero vive primero. Revive con mis besos. Si mis labios tuvieran poder, los gastaría besándote.

GUARDIA.- ¡Qué escena tan triste!

ANTONIO.- Estoy muriendo, reina, me muero… Dame vino y déjame hablar.

CLEOPATRA.- No, déjame hablar a mí: quiero gritar tan fuerte que la fortuna, falsa y desvergonzada, rompa su rueda por haberme ultrajado.

ANTONIO.- Escúchame, reina mía. Intenta negociar tu honor con César. ¡Ah…!

CLEOPATRA.- Esas dos cosas no van juntas.

ANTONIO.- Óyeme bien: de entre los hombres de César, confía solo en Proculeyo.

CLEOPATRA.- Confiaré en mi firmeza y en mis manos. De César, no espero nada.

ANTONIO.- No llores por la desgracia que acompaña mi final. Consuélate recordando lo que fui: el más grande príncipe del mundo, el más noble. Y ahora no muero como un cobarde, no entrego mi espada al enemigo. Muero como un romano, vencido solo por sí mismo. Se me va la vida… ya no puedo más…

CLEOPATRA.- ¿Quieres morir, tú, el más noble? ¿Ya no cuento para ti? ¿Voy a quedarme aquí, en esta tierra oscura, que sin ti no es más que una pocilga? ¡Ah, miren, mujeres! ¡La corona del mundo se deshace! ¡Mi señor!

(Antonio se muere).

¡Ay! ¡La flor de la guerra se ha marchitado! ¡El estandarte ha caído! Ahora niños y doncellas valen por hombres. Ya no hay distinción, y la luna, al venir a mirar, no encontrará nada admirable.

CHARMIAN.- ¡Calma, señora!

(Cleopatra se desmaya).

IRAS.- ¡La reina se desmaya!

CHARMIAN.- ¡Señora!

IRAS.- ¡Majestad!

CHARMIAN.- ¡Señora, señora, señora!

IRAS.- ¡Reina mía! ¡Emperatriz!

CHARMIAN.- Calla, Iras, calla…

CLEOPATRA.- No soy más que una mujer, tan vulnerable como aquella que ordeña cabras al amanecer o realiza los trabajos más humildes y rutinarios. Podría, sin embargo, alzar mi cetro y lanzarlo con furia contra esos dioses crueles que gobiernan este mundo injusto. Un mundo que se les igualaba en grandeza, hasta que nos arrebataron la joya más preciosa que poseíamos. Ahora, nada tiene valor ni sentido. Resignarse sería propio de necios, de aquellos que aceptan la derrota sin lucha; rebelarse, en cambio, es tarea de perros rabiosos, de almas indomables que no conocen la rendición. Pero dime, ¿entonces qué? ¿Es pecado buscar la casa secreta de la muerte antes que ella venga a buscarme a mí? ¿Acaso es cobardía elegir el fin antes que la prolongación del tormento? ¿Están todos bien? ¡Vamos, ánimo! ¿Qué sucede, Charmian? ¡Queridas! ¡Mujeres! Miren: nuestra luz se ha apagado, la llama que nos guiaba ya no arde en nuestros pechos. ¡Pero aún nos queda algo! ¡Anímense! Primero debemos enterrar a Antonio, honrar su memoria con respeto, y luego hacer lo grande y lo noble, como solo saben hacer los verdaderos romanos. Que la muerte nos reciba con orgullo, como guerreras que no se doblegaron. Vamos, el cuerpo de este gran espíritu está frío, pero su legado arde en nosotros. ¡Mujeres, adelante! Solo nos queda el valor… y el deseo de un final rápido.

(Se van y se llevan el cuerpo de Antonio).

Acto V

Escena I

En Alejandría, en el campamento de César.

Aparece César con su consejo de guerra: Agripa, Dolabela, Mecenas, Proculeyo y Gallo.

CÉSAR.- Ve a verle, Dolabela. Dile que se rinda, que, estando tan vencido, resistirse ahora es una necedad.

DOLABELA.- Lo haré, César.

(Se va Dolabela. Aparece Dercetas con la espada de Antonio).

CÉSAR.- ¿Qué significa esto? ¿Y tú quién eres, que vienes con ese aspecto?

DERCETAS.- Me llamo Dercetas. Serví a Marco Antonio, el más digno de ser servido. Mientras tuvo fuerzas y voz, fue mi señor, y yo arriesgué mi vida contra sus enemigos. Si tienes a bien aceptarme, seré contigo como lo fui con él. Si no te agrada, ofrezco mi vida sin queja.

CÉSAR.- ¿De qué estás hablando?

DERCETAS.- Te digo, César, que Antonio ha muerto.

CÉSAR.- Cuando se quiebra un hombre como él, debería retumbar el mundo. La tierra debió haber soltado leones en las calles y obligado a la gente a esconderse en sus casas. La muerte de Antonio no es la caída de un simple hombre: en su nombre estaba contenida media humanidad.

DERCETAS.- Ha muerto, César. Y no por la espada de la justicia, ni por un puñal traidor. La misma mano que escribió su gloria ha sido la que, con valentía, le ha abierto el pecho. Aquí tienes su espada: la arranqué de su herida. Mírala, teñida con su sangre más noble.

CÉSAR.- ¿Están tristes, amigos? Que los dioses me reprendan si no lo estoy yo también. Una noticia así haría llorar hasta a un rey.

AGRIPA.- Lo asombroso es que el corazón nos lleve a lamentar lo que tanto deseábamos.

MECENAS.- Sus defectos y sus virtudes estaban igualados.

AGRIPA.- Jamás un alma tan digna dirigió a los hombres. Pero ustedes, dioses, nos dais defectos para recordarnos que somos humanos. César está conmovido.

MECENAS.- Frente a un espejo tan amplio, no queda más que mirarse dentro.

CÉSAR.- ¡Ah, Antonio! Yo te llevé hasta esto… pero cuando el cuerpo enferma, a veces hay que cortarlo. Tenía que mostrar mi ruina o ver la tuya. El mundo no tenía sitio para los dos. Pero permíteme llorarte, con lágrimas tan vivas como la sangre del corazón, a ti, mi hermano, mi socio en las más altas empresas del imperio, mi amigo y compañero en las batallas, mi brazo derecho, y el corazón donde el mío encendía sus pensamientos... Y lamentar que nuestras estrellas enemigas nos hayan separado así, siendo iguales. Amigos, escúchenme...

(Aparece un Egipcio).

...aunque será en otro momento. El rostro de este hombre es urgente. Escuchemos lo que tiene que decir. ¿De dónde vienes?

EGIPCIO.- Soy un pobre egipcio. Mi señora, la reina, desde el único lugar que le queda, el mausoleo, quiere saber cuáles son tus intenciones, para prepararse y someterse a lo que decidas.

CÉSAR.- Dile que tenga valor, que pronto uno de los míos le llevará noticias sobre lo nobles y compasivas que serán mis decisiones. César no puede comportarse con crueldad.

EGIPCIO.- ¡Que los dioses te protejan!

(Se va).

CÉSAR.- Ven, Proculeyo. Dile que no pienso humillarla. Consuélala según lo requiera su ánimo angustiado, no vaya a ser que, por orgullo, se burle de mí quitándose la vida. Llevarla viva a Roma hará eterno mi triunfo. Ve rápido, y tráeme su respuesta. Cuéntame también cómo la ves.

PROCULEYO.- Iré, César.

CÉSAR.- Gallo, acompáñalo. Ve con él.

(Se van Proculeyo y Gallo).

¿Dónde está Dolabela? Quería que fuera con Proculeyo.

TODOS.- ¡Dolabela!

CÉSAR.- Déjenlo, acabo de recordar en qué misión lo envié. Ya llegará. Vamos a mi tienda. Allí les mostraré cómo fui arrastrado a esta guerra contra mi voluntad, la moderación y la cortesía que siempre puse en mis cartas. Acompañadme y veréis todo lo que tengo que enseñaros.

(Se van).

Escena II

En Alejandría, una habitación en el monumento.
Aparecen Cleopatra, Charmian e Iras.

Cleopatra.- Mi desesperación ya me guía hacia una vida mejor. ¡Qué poco vale ser César! No es la Fortuna en sí, solo su siervo, el que cumple sus caprichos. La verdadera grandeza es hacer lo que pone fin a todos los actos, lo que detiene cualquier azar y frena los cambios, lo que duerme sin paladear ya nada de lo que da la tierra, que alimenta tanto a César como al mendigo.

(Aparece Proculeyo).

Proculeyo.- César envía su saludo a la reina de Egipto y le ruega que considere los favores que él puede ofrecerle.

Cleopatra.- Y tú, ¿cuál es tu nombre?

Proculeyo.- Yo soy Proculeyo.

Cleopatra.- Antonio te mencionó. Dijo que podía confiar en ti, pero ya no importa que me engañen. La confianza no me sirve de nada. Si tu amo quiere a una reina que mendiga, dile que la majestad, cuando actúa con dignidad, no puede pedir menos que un reino. Si le parece bien devolverle a mi hijo el Egipto que conquistó, me estará devolviendo parte de lo que es mío, y se lo agradeceré de rodillas.

PROCULEYO.- Ten valor. Estás en manos de un príncipe. No tienes nada que temer. Confía plenamente en mi señor: su generosidad es tan grande que se desborda hacia quienes la necesitan. Déjame contarle tu dulce sumisión, y verás a un vencedor rogando a quien le pide compasión que lo ayude a ser justo.

CLEOPATRA.- Te lo suplico, dile que me someto a su destino y acepto la grandeza que ha alcanzado. Cada hora aprendo nuevas lecciones de obediencia, y desearía poder mirarlo cara a cara.

PROCULEYO.- Así se lo diré, mi señora. Anímate, porque sé que el dolor que cargas no le es indiferente a quien lo ha causado.

(Aparece Gallo con algunos soldados).

Ya ves lo fácil que ha sido capturarla. Vigílala hasta que llegue César.

IRAS.- ¡Majestad!

CHARMIAN.- ¡Ay, Cleopatra! ¡Reina, estás en manos del enemigo!

CLEOPATRA.- ¡Rápido, mis manos!

(Saca un puñal).

PROCULEYO.- ¡Detente, noble señora, detente!

(Le quita el puñal)

No te hagas daño: estás a salvo, no traicionada.

CLEOPATRA.- ¿También de la muerte, que incluso a nuestros perros libera del sufrimiento?

PROCULEYO.- Cleopatra, no insultes la generosidad de mi señor quitándote la vida. El mundo debe ver cómo actúa su nobleza, y tu muerte impediría que se manifestara.

CLEOPATRA.- ¿Dónde estás, muerte? ¡Ven ya! ¡Ven, llévate a una reina que vale más que muchos mendigos y criaturas!

PROCULEYO.- ¡Modérate, señora!

CLEOPATRA.- Señor, no comeré, ni beberé; si es necesario, hablaré tonterías con tal de no dormir. Destruiré esta casa mortal, quiera César o no. No seré una esclava encadenada en tu corte, ni aguantaré la mirada decente de esa sosa de Octavia. ¿Quieren alzarme en andas y exhibirme ante la chusma gritona de una Roma que me condena? ¡Antes prefiero que una zanja egipcia sea mi tumba! ¡Antes desnudarme sobre el barro del Nilo, y que las moscas pongan huevos en mí hasta que cause repulsión! ¡Antes que hagan una horca con nuestras pirámides y me cuelguen encadenada allí!

PROCULEYO.- Exageras los horrores mucho más de lo que César justifica.

(Aparece Dolabela).

DOLABELA.- Proculeyo, nuestro señor César sabe lo que has hecho y quiere que vayas con él. Yo me haré cargo de la reina.

PROCULEYO.- Con gusto, Dolabela. Trátala bien. —Si me lo permites, señora, transmitiré a César todo lo que desees.

CLEOPATRA.- Dile que quiero morir.

(Salen Proculeyo con Gallo y los soldados)

DOLABELA.- Noble emperatriz, ¿has oído acaso hablar de mí?

CLEOPATRA.- No. No lo sé.

DOLABELA.- Seguro que sí.

CLEOPATRA.- Señor, da igual lo que haya oído o recuerde. Dicen que sonríes cuando niños y mujeres te cuentan sus sueños. ¿No es eso lo que haces?

DOLABELA.- No entiendo lo que me dice, señora.

CLEOPATRA.- Soñé que existía un emperador llamado Antonio. ¡Ah, desearía dormir otra vez solo para ver a un hombre como él!

DOLABELA.- Si me permites...

CLEOPATRA.- Su rostro era como el cielo, con un sol y una luna girando para iluminar la pequeña "o"; la Tierra.

DOLABELA.- Una criatura excelsa...

CLEOPATRA.- Sus piernas montaban los océanos; su brazo alzado era la cima del mundo; su voz, al dirigirse a los amigos, era la música de las esferas; pero, si quería sacudir el mundo, era el estruendo del trueno. Su generosidad no conocía invierno: era un otoño que daba más cuanto más se le arrancaba. Sus placeres eran como delfines, que asomaban el lomo sobre el agua en que nadaban. A su alrededor llevaban coronas y diademas; reinos e islas caían de sus manos como si fueran monedas sueltas.

DOLABELA.- Cleopatra...

CLEOPATRA.- ¿Crees que hubo o podrá haber otro hombre igual al de mi sueño?

DOLABELA.- No, noble señora.

CLEOPATRA.- ¡Mientes, y que los dioses lo escuchen! Pero si existió o existe un hombre así, es más grande que cualquier sueño. La naturaleza no tiene recursos para igualar la imaginación en lo raro; pero imaginar a Antonio sería una creación natural tan perfecta que haría que la fantasía pareciera pobre.

DOLABELA.- Escúchame, señora. Tu pérdida es tan inmensa como tú, y la estás soportando con grandeza. Que nunca logre lo que anhelo si no siento, al verte, un dolor que me alcanza hasta el alma.

CLEOPATRA.- Te lo agradezco. ¿Sabes qué planea hacer conmigo César?

DOLABELA.- Me resisto a decirte lo que no quiero que sepas.

CLEOPATRA.- Por favor, te lo ruego.

DOLABELA.- Por noble que sea él...

CLEOPATRA.- ...me llevará en su desfile triunfal.

DOLABELA.- Sí, señora. Lo hará. Lo sé.

(Se escuchan trompetas y clarines).

(Aparecen Proculeyo, César, Gallo, Mecenas y otros).

TODOS.- ¡Dejen paso a César! ¡Abran paso!

CÉSAR.- ¿Quién es la reina de Egipto?

DOLABELA.- Es el emperador, señora.

(Cleopatra se arrodilla).

CÉSAR.- ¡Levántate! No te arrodilles. Te lo pido, levántate. Ponte de pie, reina.

CLEOPATRA.- Señor, así lo quieren los dioses. Debo obedecer a mi señor y amo.

(Se pone de pie).

CÉSAR.- No temas ningún castigo. La lista de agravios que cometiste, aunque esté escrita en nuestros cuerpos, será vista como obra del azar.

CLEOPATRA.- Único señor del mundo, no tengo la elocuencia para justificarme, y no pretendo negar mis errores. Reconozco mis flaquezas, que a menudo han deshonrado a mi sexo.

CÉSAR.- Cleopatra: prefiero mitigar que castigar. Si aceptas mis planes —y son de lo más generoso contigo— ganarás más de lo que pierdes. Pero si prefieres seguir los pasos de Antonio y acusarme de crueldad, perderás mi buena voluntad, y tus hijos sufrirán un daño que evitaré si confías en mí. Me retiro.

CLEOPATRA.- ¡El mundo entero! Es tuyo, y yo soy tu trofeo, el símbolo de tu conquista. Llévame adonde quieras. Toma esto, señor.

CÉSAR.- En todo lo que respecta a Cleopatra, escucharé tu consejo.

CLEOPATRA.- Es la lista detallada del dinero, la plata y las joyas que aún poseo, todo valorado con exactitud, excepto pequeñas cosas. ¿Dónde está Seleuco?

(Aparece Seleuco).

SELEUCO.- Aquí estoy, señora.

CLEOPATRA.- Es mi tesorero. Señor, que dé fe de que no me he guardado nada. Di la verdad, Seleuco.

SELEUCO.- Antes coserme la boca que mentir.

CLEOPATRA.- ¿Y qué me he reservado?

SELEUCO.- Lo suficiente como para comprar lo que has declarado.

CÉSAR.- No te avergüences, Cleopatra. Apruebo la prudencia de tu decisión.

CLEOPATRA.- ¡Mira, César! Así sirven al poder. Si la suerte se invirtiera, lo tuyo sería mío. La traición de Seleuco me enloquece. ¡Oh, miserable! ¡Más falso que el amor pagado! ¿Huyes? ¡Claro que huyes! Pero, aunque tengas alas, atraparé tu mirada. ¡Cobarde, despreciable! ¡Perro! ¡Ruindad pura!

CÉSAR.- Reina, por favor...

CLEOPATRA.- ¡Qué humillación, César! Tú vienes a honrarme con tu presencia, y mi propio sirviente añade maldad a mis desgracias. ¿Y si me hubiera guardado algunas cosillas de mujer, baratijas sin valor, tal vez algo más precioso para regalar a Livia y Octavia como muestra de respeto? ¿Eso justifica que me traicione alguien a quien crie? ¡Dioses! Esto me hiere más que mi derrota. —Vete ya, antes de que las brasas de mi ira revivan en medio de estas cenizas. Si fueras un hombre, me tendrías compasión.

CÉSAR.- Retírate, Seleuco.

(Se va Seleuco).

CLEOPATRA.- Que lo sepa el mundo: a los grandes se nos juzga por culpas ajenas, y cuando caemos, se nos hacen pagar los errores de otros. Por eso merecemos compasión.

CÉSAR.- Cleopatra, lo que hayas guardado o declarado no será considerado botín. Es tuyo, úsalo como prefieras. Créeme: César no es un mercader que regatea precios contigo. Así que, recobra el ánimo. Tus pensamientos no deben ser una prisión. No, querida reina, porque me propongo gestionar tus asuntos con tu consejo. Come y descansa. La compasión que despiertas en mí me convierte en tu amigo. Y ahora, adiós.

CLEOPATRA.- ¡Señor y amo!

CÉSAR.- Nada de eso. Adiós.

(Suenan trompetas y clarines. Se van César y su séquito).

CLEOPATRA.- Ya lo ves: palabras y más palabras para impedirme hacer lo único que sería digno. Charmian, escucha…

(Le habla al oído).

IRAS.- Ya basta, Majestad. El claro día se apaga, y entramos en las sombras.

CLEOPATRA.- Vuelve pronto. Ya está dicho y todo preparado. Hazlo sin tardar.

CHARMIAN.- Sí, señora.

(Se va. Aparece Dolabela).

DOLABELA.- ¿Dónde está la reina?

CHARMIAN.- Ahí la tienes.

(Se va).

CLEOPATRA.- ¡Dolabela!

DOLABELA.- Señora, por el juramento que hice cuando tú me lo pediste (y porque mi afecto convierte la obediencia en deber sagrado), te diré esto: César viajará atravesando Siria y, dentro de tres días, mandará que te lleven a ti y a tus hijos. Haz con esta noticia lo que mejor te parezca. Yo solo cumplo tu encargo y mi promesa.

CLEOPATRA.- Dolabela, te deberé mucho.

DOLABELA.- Y yo estaré a tu servicio. Adiós, Majestad. Debo regresar junto a César.

CLEOPATRA.- Adiós y gracias.

(Se va Dolabela).

Bien, Iras, ¿qué opinas? Nos exhibirán en Roma, igual que si fuéramos marionetas egipcias. Rudos artesanos, con mandiles manchados, reglas y martillos, nos alzarán para que todos nos vean. Entre vapores de aliento apestoso por comida barata, tendremos que soportarlos encima.

IRAS.- ¡Que los dioses nos protejan!

CLEOPATRA.- No tengas dudas, Iras. Lictores descarados nos arrestarán como a prostitutas, y poetas vulgares nos compondrán canciones burdas. Los cómicos representarán las fiestas de Alejandría y mostrarán a Antonio borracho, mientras un actorcito chillón hará de Cleopatra, parodiando mi grandeza como si fuera una ramera de feria.

IRAS.- ¡Dioses santos!

CLEOPATRA.- Créelo.

IRAS.- No pienso vivir para ver eso. Seguro que mis uñas son más firmes que mis ojos.

CLEOPATRA.- Así es como venceremos sus planes absurdos y burlaremos su espectáculo.

(Aparece Charmian).

¡Ah, Charmian! Vamos a mostrarnos como reinas. Traigan mis mejores vestidos. Me reuniré con Antonio en el Cidno. Vamos, Iras. Querida Charmian, en breve acabaremos, y al terminar esta tarea, podrás jugar eternamente. Tráeme la corona y todo lo demás.

(Se va Iras. Se escucha un ruido desde el interior).

¿Qué ha sido eso? ¿Qué es ese ruido?

(Aparece un Soldado de la guardia).

SOLDADO.- Majestad, un campesino insiste en verte. Dice que trae higos para ti.

CLEOPATRA.- Hazlo pasar, que entre.

(Se va el Soldado).

Ah... Qué ironía que un instrumento tan humilde sirva para un acto tan noble. Me trae la libertad. Estoy decidida. En mí no queda ya parte de mujer: soy mármol, de los pies a la cabeza. La luna inconstante ya no gobierna mi destino.

(Aparecen el Soldado y el Campesino).

SOLDADO.- Este es el hombre, señora.

CLEOPATRA.- Puedes irte. Déjanos solos.

(Se va el Soldado).

¿Traes contigo la serpiente del Nilo, la que mata sin dolor?

CAMPESINO.- ¡Claro que sí! Pero yo, la verdad, no sería de los que quieren que la toques, porque su mordedura es definitiva. Quien es mordido por ella, no vuelve.

CLEOPATRA.- ¿Conoces a alguien que haya muerto así?

CAMPESINO.- A muchos, hombres y mujeres. Justo ayer, una señora decente (aunque un poco chismosa, que ya se sabe cómo son algunas...) me habló de cómo la mordió una y lo poco que dolía. Ella hablaba muy bien de la culebra. Pero bueno, quien se cree todo lo que oye nunca se salva de lo que hacen. Eso sí, lo que no falla es que la bicha es una bicha seria.

CLEOPATRA.- Puedes irte.

CAMPESINO.- Que disfrutes de la bestia.

CLEOPATRA.- Adiós.

CAMPESINO.- No olvides: que solo esté al cuidado de gente sensata, que esto es cosa seria.

CLEOPATRA.- No te preocupes, sabremos cuidarnos.

CAMPESINO.- Y otra cosa: no la alimentes, no vale la pena.

CLEOPATRA.- ¿Por qué, me va a comer a mí?

CAMPESINO.- No me tomes por tonto. Hasta el diablo sabe que una mujer no se come. Eso sí, una mujer es manjar de dioses... si el diablo no la cocina. Pero esos condenados diablos arruinan a las mujeres y con ellas, a medio mundo. De cada diez, cinco se pierden por culpa del demonio.

CLEOPATRA.- Muy bien. Vete ya. Adiós.

CAMPESINO.- Sí, claro. Que disfrutes de la bestia.

(Se va. Aparece IRAS con las ropas reales).

CLEOPATRA.- Dame la túnica. Ponme la corona. Siento un ansia de eternidad. Nunca más tocará vino egipcio mis labios. ¡Vamos, Iras, pronto! Me llama Antonio. Le veo erguirse, aplaudiendo mi noble gesto. Le oigo reírse del destino de César, ese que los dioses dan para luego castigarlo. ¡Voy, esposo mío! Que mi coraje me autorice a llamarte así. Soy fuego y aire. Mis otros elementos los dejo a esta vida miserable. ¿Ya está todo? Entonces, tomen el último calor de mis labios. Adiós, querida Charmian. Iras, adiós eterno.

(Las besa. Iras cae muerta).

¿Tengo el áspid en los labios? ¿Has muerto? Si

tú y la vida se han separado con tanta dulzura, la muerte es como un pellizco de amante: duele, pero se desea. ¿Te has ido tan callada? Con esa quietud dices al mundo que ni se merece una despedida.

CHARMIAN.- ¡Deshazte en lluvia, nube densa, para que yo pueda decir que hasta los dioses lloran!

CLEOPATRA.- Esto me humilla. Si Antonio la ve primero, cuando le pregunte por mí, le dará el beso que sería mi paraíso. Ven, criatura mortal…

(Se acerca a la víbora al pecho).

… rompe con tus colmillos este nudo imposible de desatar. Pequeña venenosa, haz tu trabajo. Ojalá hablaras, para oírte decir que el gran César no es más que un idiota sin astucia.

CHARMIAN.- ¡Estrella del Este!

CLEOPATRA.- ¡Silencio! ¿No ves que se adormece con el pecho como si fuera la nodriza?

CHARMIAN.- ¡Ah, estalla, corazón mío, estalla!

CLEOPATRA.- Dulce como un ungüento, suave como el aire, tierno… — ¡Ah, Antonio! — Tú también ven.

(Se acerca otra víbora al brazo).

¿Por qué esperar más…?

(Se muere).

CHARMIAN.- ¿...en este mundo vil? Adiós. Ya te puedes presumir, Muerte: en tu poder yace ahora una mujer sin igual. Suaves cortinas, cierren los ojos reales para siempre. Tu corona está torcida. Te la acomodo... y luego juego...

(Aparecen de golpe los Soldados de la guardia).

SOLDADO 1°.- ¿Dónde está la reina?

CHARMIAN.- Habla en voz baja. No la despiertes.

SOLDADO 2°.- César ha enviado...

CHARMIAN.- ...un mensajero demasiado lento.

(Se aplica ella también el veneno de la víbora).

¡Rápido, deprisa! Creo que ya lo siento...

SOLDADO 1°.- ¡Vengan aquí! Algo va mal. Han engañado a César.

SOLDADO 2°.- César mandó a Dolabela. ¡Llámenlo!

(Aparece otro soldado).

SOLDADO 1°.- Charmian, ¿qué haces? ¿Esto te parece bien?

CHARMIAN.- Muy bien. Y digno de una reina que descendía de tantos reyes. ¡Ah, soldado!

(Muere. Aparece Dolabela).

DOLABELA.- ¿Qué ha pasado aquí?

SOLDADO 2°.- Están todas muertas.

DOLABELA.- César, se ha cumplido lo que temías.

Llega a contemplar el final de lo que querías evitar.

(Aparece CÉSAR con todo su séquito).

TODOS.- ¡Paso al César! ¡Paso al César!

DOLABELA.- ¡Oh, señor! Fuiste un profeta certero. Lo que presentías, terminó ocurriendo.

CÉSAR.- Grande hasta el final. Entendió lo que pensaba hacer y, como reina, eligió su camino. ¿Cómo han muerto? No veo heridas.

DOLABELA.- ¿Quién fue el último que las vio?

SOLDADO 1°.- Un campesino que le trajo higos. Aquí está la cesta.

CÉSAR.- ¿Envenenados?

SOLDADO 1°.- César, Charmian todavía vivía cuando he llegado aquí. Estaba en pie, hablando. La vi acomodando la corona de su reina muerta. Temblaba, y de pronto cayó.

CÉSAR.- ¡Oh, noble debilidad! Si se hubiera envenenado, habría señales externas. Pero parece más bien dormida... como si intentara seducir a otro Antonio con su belleza.

DOLABELA.- Aquí en el pecho hay un hilillo de sangre. Y lo mismo en el brazo.

SOLDADO 1°.- Es señal del áspid. Y en estas hojas de higuera hay una baba, como la que dejan en sus madrigueras estas víboras.

CÉSAR.- Seguro que murió así. Su médico me dijo

que había probado muchas formas de morir sin dolor. Es mejor llevarla a su lecho, saquen también a sus damas del mausoleo. Será enterrada junto a Antonio. No habrá tumba en el mundo que encierre una pareja tan célebre. Su historia pesa tanto como su fama. El dolor que inspiran es igual de memorable que la grandeza de sus actos. Vamos a acompañarlos con honores fúnebres. Y después, partiremos a Roma. Dolabela, encárgate tú de la ceremonia y del entierro.

(Se van todos).

ÍNDICE

Acto IV

Acto V